"互联网+"背景下大学生
创新教育与人才培养模式

魏 薇 刘 会 祁赛喃 著

延吉·延边大学出版社

图书在版编目（CIP）数据

"互联网+"背景下大学生创新教育与人才培养模式 /
魏薇，刘会，祁赛喃著. -- 延吉 ： 延边大学出版社，
2023.11
ISBN 978-7-230-05785-1

Ⅰ．①互… Ⅱ．①魏… ②刘… ③祁… Ⅲ．①互联网
络－应用－大学生－创业－研究②互联网络－应用－高等
学校－人才培养－培养模式－研究－中国 Ⅳ.
①G647.38-39②G649.2-39

中国国家版本馆CIP数据核字(2023)第224801号

"互联网+"背景下大学生创新教育与人才培养模式

著　　者：魏　薇　刘　会　祁赛喃
责任编辑：金钢铁
封面设计：文合文化
出版发行：延边大学出版社
社　　址：吉林省延吉市公园路 977 号　　　邮　编：133002
网　　址：http://www.ydcbs.com　　　E-mail：ydcbs@ydcbs.com
电　　话：0433-2732435　　　传　真：0433-2732434
印　　刷：廊坊市广阳区九洲印刷厂
开　　本：710 毫米 ×1000 毫米　1/16
印　　张：12
字　　数：210 千字
版　　次：2023 年 11 月第 1 版
印　　次：2023 年 11 月第 1 次印刷
书　　号：ISBN 978-7-230-05785-1
定　　价：78.00 元

前　言

在互联网快速发展的背景下，创新型人才成为推动经济高质量发展的重要力量，如何培养创新型人才是高校亟待解决的问题。本书首先采取客观的熵权法结合模糊综合评价方法对高校的人才培养质量进行实证研究，然后构建以学校氛围、师资力量、学生能力为三个一级指标的高校创新型人才培养质量评价体系，最后得出偏经济类专业相对于工科专业创新型人才培养质量更高，教师有无创业经验影响学生创业意愿等结论，为创新型人才培养战略优化提供参考价值。

大学生作为互联网的新一代主力军，其人才培养质量对社会发展有着显著的影响。高校作为大学生创新型人才的输出地，学校的人才培养模式显得尤为关键。早在 2015 年，国务院就指出要创新人才培养机制，完善人才培养质量标准。如今在"互联网+"背景下，尽管各高校都积极响应国家号召，根据人才培养定位和创新教育目标要求，对人才培养方案进行改革，健全创新教育课程体系。

纵观我国高校的创新教育发展历程，当前高校的创新教育发展已经进入实质性推进和发展阶段。创新教育环境处于最宽松的优化时期，各级政府和相关部门也都大力支持，出台鼓励政策。国内各大高校也都在大胆创新、勇于实践，开展创新教育工作，创新教育人才培养模式更是多种多样，各有特色。各地高校纷纷推出创新教育举措，成立创业学院，"虚拟创业""商务模拟"等创新实践活动的开展，标志着以互联网为依托的教育模式正在有效融入我国已有的创新教育体系中。大学生的创新意识普遍增强，知识和能力优势凸显，一些创新实战型大学生已经成为"大众创业、万众创新"的重要力量。放眼未来，各级高校只有坚定不移地开展大学生创新教育，才能达到"苟日新，日日新，又日新"的工作要求，才能为中华民族伟大复兴的稳步推进输送更多的优秀人才。

目　录

第一章　"互联网＋"背景下大学生创新教育的理念

第一节　融入开放性的思想

我国现阶段的高等教育已经从原来的精英教育迅速转化为大众教育，受教育者的求学情况、知识基础与以往相比发生了很大的改变。政治辅导员和班主任在教学中要融入开放性的思想指导学生正确面对竞争，面对择业，面对压力，引导学生规划人生，培养学生宽广的胸怀和健全的人格，努力把德育渗透到学生成才、就业的全过程，要主动管理育人，提高工作效率和工作水平，创造更好的育人环境和学习氛围。

一、建立优秀的管理团队和制度

如何适应时代的要求，培养社会需要的人才，是从事学生管理工作者的永恒话题，同时对学生管理领导干部提出了更高的要求，必须加强队伍建设。学校高层领导应加强对学生管理工作的重要性的认识，挑选一批思想素质高、工作能力强、具有一定的学生管理工作经验的工作人员担任学校学生教育管理领导工作，经常性地组织并开展对各分校、教学点学生管理领导干部的专业培训，邀请较高水平的专家开办讲座，全面提升学生的管理干部素质。通过各种方式组织开展校与校之间学生管理工作交流活动，请有着丰富学生管理工作经验的管理人士讲解、传授管理经验，并通过讨论交流，达到共同提高，共同进步的目的。以校本部为载体开辟全校性学生管理工作专项窗口，广泛讨论发表管理体会，创建全校性学生管理专刊，组织系统内投稿，把学生管理工作真正落到实处。

学校应建立导学教师引进、培训、考核、交流的整套制度。完善引进程序，力争把有能力、责任心强的导学老师引进来。建立严格的导学教师培训、考核制度。导学老师应对多媒体现代远程教育技术有较深的掌握，能熟练运用计算机网络等媒体技术获取教学资源，并能配合辅导教师进行教学资源的整合，组织和指导学员开展网上答疑、BBS 讨论、双向视频等网上教学活动，利用 QQ 群、微信、E-mail 等与学员进行日常沟通。完善导学老师的流动计划，打破以往导学教师队伍建设的封闭体系，激活用人机制，拓宽导学老师出口，加强导学教师的交流和提拔，解决导学老师的后顾之忧。

解决导学教师流动性较强、流失率较高的问题，必须加强导学教师的专业化建设，其中最主要的就是更新观念，尤其是更新领导的观念，全面提高导学教师的综合素质。导学教师在工作了一段时间以后就会积累一定的工作经验，也会认识到自身的不足。如果学校能制定一套完整的培训机制，给他们更多的培训学习的机会，不管是对学校还是对导学教师本人来说都是双赢的。另外，还可以加强导学教师之间的沟通与交流，使导学教师的业务能力不断提高，确保导学教师在工作中发挥应有的作用，保证开放教育学生的培养质量。

二、注重培养优秀的学生干部

好的学生干部不仅自己会给其他同学做出榜样，也会分担导学教师的工作重担，而且在这个过程中锻炼了学生的工作能力，运用在工作实践中。导学教师在选择班干部的过程中要一视同仁，不能因为个别小问题而否定他们的优点，要广泛听取同学和任课老师的意见，综合学生的平时表现民主或择优选拔。选出优秀的学生干部，要充分信任和尊重，减少个人干涉，使他们充分发挥个人的工作主动性和能动性。

学生干部队伍应真正发挥先锋模范作用，真正发挥战斗堡垒作用。学校应健全团支部、学生会组织，主动让学生组织成为学校与学生、教师与学生沟通的桥梁，通过民主推荐、个人竞选产生学生干部队伍。结合开放教育类学生的生理和心理特点，通过学生干部开展广泛的思想交流。帮助学生培养学习自信心，一方面，肯定他们在以往的学习和工作中取得的成绩，使他们看到自己的优点和能力；另一方面，循序渐进一对一式辅导，将他们在现在的环境中遇到的问题进行总结归纳，然后反馈经验。在交流沟通的过程中，要注意交流态度，避免挫伤学生的学习积极性；要充分尊重学生，学生的自尊心相对来说更强，并且也更容易受到伤害，教师的教育手段要不断改进，积极与学生沟通，减少代沟的出现。在沟通的同时，教师要鼓励他们学习之后要在自己原有的领域内创新，帮助他们做好职业规划和人生规划。在开展思想教育工作的过程中，教师要应尽量避免用说教的方式，毕竟这些学生都是成年人，多数已经有了比较丰富的社会经验。而强硬的教育态度只能引起学生的逆反心理，不仅不会配合老师的教育工作，甚至会放弃继续学习。对个别问题学生要单独关注，因材施教，明察暗访，找出学生学习不佳的根源和影响因素，和周围同学、同事一起努力解决问题，最大限度地激发他们的学习主动性。

三、通过营造校园文化氛围引导学生学习和发展

现在的大学生大多是独生子女，生活环境使当代大学生有着较强的孤独感，他们渴望交流，希望有丰富的校园生活，能够提升自己的价值。针对此种情况，学校应主动提供学生情感交流、培养兴趣和寻求帮助的平台，能够促进学生之间交流沟通，培养成长经验，解答学生的疑惑，传递情感关怀，培养同学之间的友谊，消除学习孤独感，增强学生对开放大学的身份认同感、归属感和凝聚力，营造积极向上的校园文化氛围，促进学生的个性化发展。经常性地开展校区、班级之间的各种比赛活动，增进学生之间的友谊，有针对性地聘请相关行业的专家学者到学校举办讲座，吸引学生的积极参与和交流。并利用各种比赛的形式加强同行的良性竞争，使同学之间互相帮助，共同进步。教师要帮助学生树立明确

的学习目标，使学生能够及时进行自我检测，不断提高自身的综合素养。

第二节 坚持以人为本的理念

随着现代教育的发展和教育改革的深入，以人为本的学生管理模式将最终取代传统的学生管理模式，这是学生管理改革和发展的必然趋势。人是管理中的首要要素，因而提高人的素质、调动人的积极性、促进人的全面发展是提高管理效果的关键。科学发展观的本质和核心是坚持以人为本。坚持以人为本，不仅在人类思想发展史上具有重要的理论价值，更应成为当今高校新的办学理念。

一、什么是以人为本的管理

以人为本的管理模式就是以人为中心，在确立学生主体地位的基础上，积极调动学生的主动性、积极性来开展一切管理活动，这种管理模式是高校学生管理模式发展的必然走向。以人为本的学生管理工作理念，就是要以人为出发点，充分尊重学生的人格、个性、利益、需要、知识兴趣、爱好，力求促进学生的全面发展，健康成才。这意味着要从那种把对人的投资视为"经济性投资"的立场转变为"全面发展性投资"的立场。以人为本的管理在处理人与组织的关系时，并不否定和排斥组织的目标，而是把人的自我发展和自我完善作为组织目标的组成部分。高校学生管理模式中应该坚持以人为本的管理思想，就是指高校学生管理工作必须以调动学生的积极性、做好学生的工作为根本。具体而言，就是要在高校学生管理过程中坚持把教育和管理的对象——所有学生作为全心全意为之服务的主体。树立"以人为本"的高校学生管理理念，营造良好的服务氛围，对学生能起到潜移默化的作用。高校从教学到行政管理，从学生学习到后勤服务，都要不断深化教育改革，转变教育观念，转变过去以学校为主体、以教育者为核心的工作思路和工作方式，变管理为服务，树立一切工作都是为了学生的健康成长的管理理念。以人为本的高校学生管理就是以学生的发展为高校工作的出发点和落脚点，一切为了学生，使大学生实现德、智、体、美全面发展。具体而言，就是要理解学生、尊重学生、服务学生、信任学生。

二、实现以人为本的管理模式的必然性

高校是培养和输送人才的重要阵地，始终担负着为社会培养高素质的建设者和接班人的神圣使命。在现行的高校学生管理中，管理目标不明确也是高校学生管理的一大通病。高校学生管理工作与学校的其他工作目标是一致的，都是为社会培养人才。

人性化管理是以情服人提高管理效率的管理模式，人性化管理的实质就在于充分尊重被管理者的自由和才能，从而使被管理者愿意以个人的心态或以最佳的精神状态全身心地投入到学习和工作中，进而提高管理

效率。人性化的管理不是放任管理，是我们提倡教育人性化。对高校学生实行以人为本的管理模式抓住了学生管理中最核心的因素，因为学生管理就是人的管理。人的需求、人的属性、人的心理、人的情绪、人的信念、人的素质、人的价值等一系列与人有关的问题均成为管理者悉心关注的重要问题。这是高校学生管理的出发点和落脚点。

高校的基本职能之一就是为社会发展教育和培养人才，大学生已经具有了成为国家栋梁的基本潜质和条件，在教育和培养的过程中，教师要充分调动大学生的主动性、积极性和创造性，为他们提供能激发其创造性和自主创新性的良好氛围。要实现这一目标，高校教育管理就必须是人性化管理，实施以人为本的管理模式。首先，教师要转变教育管理观念，树立科学的人才观。教育管理工作者要有着眼于未来的眼光和不拘一格育人的胆略。其次，教师要着重提高教师的综合素质，强化管理者的人格魅力。在新形势下，主观上学生群体已经不接受传统的高校教育管理模式，客观上高校管理所面临的形势也不能使这种模式维持下去。招生规模的扩大，贫困生数量的增加，个性培养和创新教育日益被高校所重视等，这些因素都要求高校学生教育管理必须抓住"学生"这一根本，转变管理理念，提高教师的综合素质，强化管理者的人格魅力。进行人本化管理，其实是对教师尤其是教育管理者提出了更高的要求。以人为本，促进高校教育管理和谐发展是时代的发展适应大学生全面发展和个性发展的必然要求。

三、构建以人为本的教育管理模式

（一）加深对学生的了解

高校教育管理，无论是计划和任务的确定，还是内容和形式的选择，都源于对学生的了解，源于对学生发展中遇到的各种问题的深刻洞察。实际上，任何个体都有其自身独特、不可替代的需求。不同个体的需求在整个群体中又都不是孤立存在的，它们之间是相互联系和作用的。就高校教育管理而言，学生对自身所处管理环境的感受，对自己在学校中的地位，对学习、恋爱、人际关系、就业等个人发展足球的满足程度，都是影响管理效果的重要因素。

如果忽略了对这些因素的分析和研究，高校教育管理就成了无源之水、无本之木。因此，我们只有全面考虑学生的个体情况，重视个人需求在管理中的作用，并把它们看作动态的、变化的，高校教育管理才能有的放矢，提高管理效率，收到预期的效果。

（二）营造以人为本的校园文化环境

环境是人们赖以生存和发展的自然条件和社会条件的总和。校园文化环境是指与校园文化的形成与发展密切相关的外部条件。校园文化环境包括校园的物质环境和校园的精神环境两部分。校园的物质环境是以布局成型的姿态出现的物质环境，主要是指校容，如建筑物的布局，室外的绿化、美化，室内的整洁、美观、大方等。校园的精神环境主要是学校的传统习俗，校风、人际关系、心理氛围、文化品位及活动构成的气氛等。人的发展及才能的养成，是遗传、教育、环境共同作用的结果。人不仅受他们所处的环境的影响，也在不断地改变环境。环境又进一步地影响他人和自己。就学校而言，这种对人的发展以及才能的养成产生影响的环境，就是校园文化环境，校园文化环境对学校的教育工作及师生员工的生活有着不可低估的作用。开展丰富多样、多元化的学生集体活动能够培养学生崇高的理想和高尚的道德情操，能够使学生的兴趣爱好和特长得到培养。学生的不良习惯及意识比较容易克服，因为集体的影响、优良作风的熏陶对学生思想品德的形成和发展能起到巨大的促进作用。教师要充分调动学生的积极性、创造性，设法激发学生的学习积极性，组织开展丰富多彩的集体活动，在集体活动中教育、培养每个成员的集体主义精神。通过各项活动，积极发挥学生的才干及特长，使活动和教育融为一体。

（三）构建以学生为中心的管理模式，实现学生自我管理

贯彻"以人为本"的教育理念，构建人性化的教育管理模式，其中最基本的有两条：一是体现学生在教育中的主体地位；二是要对所有学生负责，为学生的全面发展提供相应的服务。

在管理工作中，教师要确保学生的主体地位，尊重和维护学生自主学习的权利，就要保证教育主体的主观能动性得到充分的发挥，使学生的潜力和发展的潜质得到充分的挖掘。积极实践学生的"自我管理、自我教育、自我约束、自我服务、自我发展"等，不断培养和提高学生独立

思考问题、分析问题、解决问题的能力，这不仅是改进学生工作，为学生的自主发展提供更大的空间，也是这些年来在教育管理工作中的成功经验。学生的"自我管理"，就是一种民主的、开放的、人性化的管理，它更加有利于实现学生成才的目标。

四、管理过程中出现的偏差

虽然我们的理念是正确的，但是在实施的过程中同样会出现问题。在教育学生的过程中，我们有时会忽略学生的主体性，教学过程中缺乏互动性，我们需要调动学生的学习积极性，使学生能够主动学习。

教师要注重启发引导学生，避免单一形式的知识灌输。教师有时候是采用灌输式的教育方式，将知识单纯地传授给学生，没有给学生思考的时间，没有培养学生的自主学习能力，学生只是被动地接受，根本没有转化为自己的知识，学到的也只是书本表面的知识。有句话说得好，等大学生毕业后忘记书本的知识剩下的就是他在学校所学到的。然而，当学生毕业后剩下的知识还有多少？他们学到的知识如果没有被内化而转为自己思维构成中的一部分，我相信这一部分知识是没有学到的。学生的主观能动性被忽略，失去了理解、互动、判断的内化过程。这样的大学生就失去了独立思维判断的能力，等他们步入社会以后可能会茫然不知所措，不知道自己以后的道路该怎么走，不知道怎样适应这个社会。在教师教育的这个课堂上学生除了认真地学习课堂知识，课外也需要加强自身学习。如只是掌握课堂上的知识，没有培养课堂外的动手能力，这样的大学生也是不合格的大学生。优秀合格的大学生不光是成绩单决定的，还需要各方面综合素质的培养，必须具有科学知识和动手能力。学生在校期间除了学习课本知识以外，还要提高社交能力、动手能力，才能更好地适应未来社会对他们的要求。

五、学生在管理中的问题

高校学生通常叛逆心理较强，不希望被控制，希望自由，不喜欢被约束，不喜欢规章制度，喜欢自由自在。针对高校学生的这一特点，我们可以调动学生的主观能动性，使学生转换观点，不要让学生觉得自己被约束了，让他们觉得自己是自由的。从"要我学"变成"我要学"，可以多让学生参加课外活动，多参加社团、学生会，使学生通过管理学会自我调节和自我管理。同时，我们需要有更多的激励方式调动学生的积极性，从而更好地自我管理。对于在教育管理方面表现出色的学生应该予以必要的精神鼓励和物质鼓励，这样学生才能够更好地进行自我管理，进一步优化管理模式，进而形成良好的管理习惯。

六、实施以人为本的管理模式

做好教育管理工作，需要大家不断地努力，通过多和学生沟通，了解学生，从而更好地做好教育管理工作，立足于学生所需、学生所想，实实在在地为学生做好服务。在管理方面，教师应该更多地阅读教育学方面的书籍，更好地了解现阶段学生的心理状态，知道怎样处理出现的问题，同时，做教育管理工作的老师需要有满腔的工作热情和无私奉献的精神，这是一名管理者应该具备的，时时刻刻关心学生，了解学生的需要，从更人性化的角度出发。老师也需要合理的晋升培训机制，更好地鼓励管理工作做得好的老师，只有这样教师才能更有动力地做好管理工作。

高校管理工作是一项责任重大的工作，高校管理工作要围绕学生的发展需要，立足于学生的发展，更多的是做一个好的引导者，让学生朝着更好的方向发展。这才是我们管理者在以后的工作中需要加强的。

七、提高教育管理工作者的素质

以人为本的管理理念体现出管理的自主性、民主性、灵活性和发展性等特征，这对教育管理工作者提出了更高的要求。所谓"教书育人"就是通过"教书"这一手段和过程达到"育人"的目的。高校各门课程都具有育人功能，所有教师都有育人职责。学校道德教育的成效很大程度上是由教师的道德素养所决定的。教师及各类管理人员要从不同的方面对学生的行为产生影响和作用，确立全员育人和全程育人的观念。教师要深刻认识并准确把握经济社会形势和发展趋势，面对这些变化所带来的影响，能够因势利导做好学生的教育引导工作。

建设一支高素质的学生工作队伍，一方面是高校要按照要求认真做好建设规划，做到与师资队伍和其他管理人员队伍的建设统一规划、统一实施；要明确条件、坚持标准，切实做好人员选配工作；要计划周密、合理安排，扎实推进人员培训工作；要提出目标、严格要求，不断增强学生的责任感；领导和有关部门要对教师思想上重视、工作上支持、生活上关心、政治上爱护，使学生工作者能够随着形势的发展和工作的进行不断提高自身的综合素质。另一方面，要求教师加强自身修养，明确自身职责，增强责任观念，树立服务意识，努力学习，积极实践，深入思考，大胆创新，不断探索新形势下学生工作的新路子、新方法，不断总结适应新形势、新情况下的学生工作的新经验、新成果，在全面服务学生成长成才的过程中发展自己，实现自身的价值。

以人为本的教育管理模式注重学生的日常生活，注重把为学生服务放在重要的位置，创造性地进行管理。只有坚持"以人为本，和谐发展"的管理理念，适应新时期科学发展观的要求，倡导积极向上的学习观、人生观、价值观，实现教育管理模式的改革与创新，才能真正促进学生的全面发展、和谐发展和持续发展。

第三节　环境层面

一、营造健康积极的高校教育管理大环境

随着网络技术的发展，尤其是依托数字技术、互联网技术、移动通信技术等新技术，以即时通信软件等为代表的新媒体技术，对高校网络文化的建设和管理产生了较大的影响。同时，互联网的互动、手机与互联网的互动，以及互联网络、手机网络、电视网络三网融合等形成的新媒体环境也在对如何构建一个健康、文明的高校网络环境提出了新的要求。因此，如何加强高校网络文化建设和管理，营造积极、健康的校园文化环境，运用网络新技术在新媒体环境下推动高校新闻网的创新发展，用正确、积极、健康的思想文化占领网络阵地，发挥高校新闻网的优势是亟待解决的问题。

网络文化建设已经成为社会关注的热点，也成为思想政治教育工作者参与的一个重要的领域，随着网络信息技术的进步，网民的数量在剧增，网络文化业态呈现出多元化的趋势，它对我们的工作、学习、生活产生的影响也越来越大。高校网络管理中心是全校网络运行的最主要支撑平台和防范不法分子利用网络破坏学校稳定的堡垒，是展示学校整体风貌的"窗口"，是学校重要的宣传阵地。笔者认为，大力加强高校校园网

络文化建设的探索与实践，坚持以下五个方面的创新，是实现高校网络文化建设朝着健康、文明、和谐发展的有效途径。

（一）加强学校网络思想政治工作队伍建设

在信息爆炸的时代，网络思想政治教育显得更加重要。当务之急，高校需要建立一支高素质的网络思想政治工作队伍，这支队伍不仅要具有较高的思想政治教育理论水平和丰富的思想政治教育经验，还要掌握计算机网络的基本知识和技能，熟练地利用网络平台开展思想政治工作。网络思想政治教育工作的展开，要以了解和熟悉网络语言、网络文学、网络游戏等网络文化的各种形态为前提，把握大学生的思想动态，关注和参与到他们的网络生活中，及时进行心理辅导和思想引导，使思想政治工作渗透到学生的虚拟生活之中，使网络时代的思想政治工作取得更好的效果，这就要求高校加强网络思想教育工作能力建设。加强校园网络文化队伍建设，还需要合理配套各类专兼职人员，既要有网络专业技术人员，又要有网络管理人员，还要有网络文化研究人员。按照"提高素质、优化结构、相对稳定"的要求，建立统一指导、各方配合、责任明确、优势互补的网络工作队伍。凭借这支队伍，努力实践并着力打造"绿色网络校园"。通过各种途径密切关注网上动态，随时与学生进行平等的沟通与交流，及时回答和解决学生提出的有关学习、生活、就业等方面的问题，增强大学生的信息解读能力，引导大学生运用辩证的观点和科学的方法，去分析问题、解决问题，增强对网络文化的辨别力和抵制不良信息的能力。

（二）提高学生的文化素养、自我调节与管理能力

培养和提高大学生网民对有害信息的自觉抵制能力，对于建设社会主义网络思想阵地具有基础性的意义。首先，教师要使青年学生学会做自己的心理医生。青年学生的情感丰富而又容易冲动，因此要学会保持稳定的情绪，适时宣泄不良情绪，找到合理表达自己诉求的方法，防止过度迷恋网络游戏。其次，教师要使他们学会计划自己的生活，建立合理的生活秩序。现在的许多大学生尤其是大学新生，生活自理能力较差，有的甚至难以适应大学的集体生活；有些学生不能进行正常的人际交往，建立良好的人际关系，而人际关系不良也会导致网络游戏依赖和成瘾现象的产生。

最后，教师要培养学生的道德自律意识。学生阶段是一个人的人生观和世界观的形成与定型阶段，因此教育他们增强网络伦理道德观念，在网络社会里遵守起码的行为准则，自觉加强修养，树立正确的人生观和世界观，显得非常重要。在这方面，教师可以开展关于网络游戏道德方面的座谈会，让学生参与进来自由讨论，使他们充分认识到网络道德失范的社会危害性，提高大学生网络自我教育能力。

（三）营造积极健康的校园文化环境

学校应该有意识地组织力量开展网络信息安全方面的科学研究，利用

技术的手段对网络有害信息进行处理，努力净化网络环境，将有害信息拒之校园网外。学校应该加强校园文化建设，丰富学子们的业余文化生活。首先，学校要以学生为本，积极开展充满青春气息的文娱活动，想方设法吸引学生的学习兴趣。其次，学校要对沉迷网络游戏的学生给予关心和帮助，为他们营造一个积极、健康的学习和生活氛围。最后，学校要适度介入网络游戏，最大限度地控制暴力、色情等不健康信息的进入，为学生创造一个积极的、健康有序的网络文化环境。

（四）加强网络监管力度，有效管理网络文化

当代大学生受世界经济浪潮的影响较深，对新鲜事物的探索和尝试较为积极。但是，由于涉世未深，自我控制能力差，大学生难免会受到网络不良信息的影响。高校可以发挥思想政治教育的优势，引导大学生明是非，辨美丑，不制作、不传播、不散布有害信息，树立良好的网络道德品质，自觉抵制不良文化的侵蚀，加强校园网络监管。学校可以从以下方面加强校园网络监管：

一是校内网站监管。网站留言板和 BBS 均以互动的方式进行交流，任何人都可以方便地发布信息，属于校园网络文化监控的重点。现在的留言板和 BBS 在技术上可以做到实时记录发布者的用户名、发布时间、上网计算机 IP 地址，以及上网计算机安装的操作系统和浏览器版本等资料。这样，既可以保证学生发布的信息有据可查，又可以帮助学生进行自我约束效果。

二是校内上网场所监管。通常，高校校内可以上网的场所有公共计算机房、学生机房、网络实验室、电子阅览室、学生宿舍等地点。公共上网场所的上网计算机可以使用机房管理系统软件进行管理，学生凭学生证实名登记上网，有条件的高校也可以使用校园 IC 卡刷卡上网。机房管理系统软件具备了记录上网时间、上网计算机 IP 地址的功能。学生宿舍上网管理，简单的可以采取分配固定 IP 地址、用绑网卡 MAC 地址等手段，也可以安装一套宽带认证计费系统软件。上网者通过账号和密码登录上网，并对其浏览的软件进行管理。这样，通过技术上的管理措施，结合网站对信息发布者相关资料的记录，可以按图索骥，较方便地寻找到发布信息的人。

三是校内网络信息监管。要想有效阻挡校外网络不良文化传入校园网内，可以采取在校园网网关处对网络信息进行过滤的方法。

（五）以学生为本，创新高校网络思想政治教育

树立科学发展观，加强大学生网络思想政治教育，就要尊重大学生的主体意识，以学生为本，通过教育目标、教育过程、教育手段、教育方法的设计，凸显大学生的主体地位，增强其网络主体的自主性和创造性，提高大学生对网络的驾驭能力，在积累知识、锻炼能力的同时，提升思想道德水平，促进大学生全面健康发展。学校主要要做好以下几方面：①网络环境条件下的高校道德教育需要重新定位自己的目标。遵循理解、尊重和信任的原则，以疏导为主要方式，把发展学生的主体性作为最迫

切的目标，指导他们学会选择，着力培养和形成学生正确的道德价值观、道德评判力以及道德自制力，以培养具有自主、理性、自律的道德判断和道德实践的个体，使大学生成为网络道德的自觉倡导者和积极实践者。②需要重新设计道德教育的内容。网络既是德育的手段，又是德育的内容。学校网络德育要在原有德育内容的基础上突出价值观的教育和注重道德意志力的训练，使学生能够"辨别真伪、追求真理、慎于判断"，增强识别评价和选择道德信息的能力，抵制不良信息的诱惑。③建立思想政治工作专门网站，占领网络"红色"阵地。专门的思想政治工作网站，是思想政治教育科学化、技术化、时代化的迫切需要。建立网络德育信息数据库，通过网上"两课"答疑和辅导，坚持马克思主义在网络文化中的指导地位。

二、与校园文化建设有机结合

高校校园文化是以高校的校园为发源地，主体是高校的学生、教职员工，主要内容是课余活动，基本形态是多学科、多领域的文化，广泛的交流和特有的生活节奏，它是具备了社会发展特点的群体文化。它是社会主义精神文明在高校的具体表现，是一所高校所特有的精神风貌，也是学生政治文明素养、道德品格的综合反映。简而言之，高校校园文化是以教师为主导，学生为主体的，在特定的校园环境中积淀形成的与社会发展密切关联且具备校园自身特色的人文氛围、校园精神和生存环境。

（一）校园文化与教育管理的基本内涵

1. 校园文化的内涵

校园文化是指由全体员工在长期的教学实践过程中培育形成的共同遵守的道德标准、价值观念及行为规范。它以学生为主体，以校园为主要发源地，以育人为导向，以精神文化、环境文化、行为文化、制度文化建设为主要内容。环境文化是校园文化的基础，主要包括"硬环境"和"软环境"；精神文化是校园文化的灵魂，包括校风、学风、教风、作风等；行为文化具体体现在师生员工的言行举止中，主要包括各类人际关系、道德行为规范等；制度文化是校园文化建设和学校正常运转的保障，具体包括各类规章制度，如校规、班规、宿舍管理规定、社团规章制度等。此外，校园文化具有五个方面的功能，包括导向功能、教育功能、凝聚功能、约束功能、陶冶功能。此五项功能作用于学生学习和生活的全过程，正确地引导学生健康发展。

2. 教育管理的内涵

教育管理是指高校教育管理工作者通过各种手段，对学生在校期间的学习、生活和行为进行管理和规范，旨在维护高校正常的教育教学秩序和学生的生活秩序，保障学生身心健康，促进学生德、智、体、美全面发展。根据 2017 年 9 月 1 日起实施的《普通高等学校教育管理规定》，高校教育管理包括学生的权利与义务、学籍管理、校园秩序与课外活动、奖励与处分、学生申诉等诸多方面。其中，学籍管理包括入学与注册、考核与成绩记载、转专业与转学、休学与复学、退学与毕业、结业和肄业；校园秩序包括学生行为规范、疫室管理、环境卫生维护及其他规章制度；课外活动包括各类社团活动、勤工助学及社会实践等；奖励主要指对在思想品德、学业成绩、科技创造、体育文娱及社会服务等方面表现突出的学生，给予的物质或精神上的奖励或表彰；处分是针对违反学习和生活纪律的学生实施的惩罚，包括警告、严重警告、记过、留校察看、开除学籍。此外，随着高校教育管理工作的不断创新，高等院校也越来越注重对学生的服务，绿色通道、就业服务、心理辅导等工作也成为高校学生管理工作的重要内容。

3. 校园文化对教育管理的重要意义

校园文化与教育管理具有密切的关联性。第一，二者目标一致。校园文化与教育管理都以育人为目标，以为社会培养高素质的综合型人才为目标。第二，二者主体一致。校园文化以学生为主体，学生是校园文化建设的参与者与受益者。教育管理同样以学生为主体，学生是学生管理工作的中心。鉴于校园文化与教育管理在提高学生综合素质、培养复合型人才上的一致性，加强校园文化建设必定可以推动教育管理工作的完善和创新。学生的思想和行为内容不断延展，新时期的教育管理离不开"学生本位"的教育思想。充分发挥学生的主观能动性，对于学校和学生的发展以及校园文化的建设大有裨益。因此，"一切为了学生，为了学生的一切""尊重人格，保护天性"等先进的教育理念必须被广大教育管理工作者所接受和运用。"以人为本"的育人环境和氛围离不开校园文化的建设。校园文化作为一种群体性的文化，通过长期的沉淀与升华，形成了人们共同遵循的价值标准、行为规范和崇高追求。而校园文化所具备的导向、陶冶等功能，潜移默化地影响着学生的思想和行为。学生在特定的人文环境的熏陶下成长，积极地追求实现自己的价值。

（二）构筑良好的校园环境文化，为高校教育管理提供物质保障

教育管理是以服务学生为根本目的的，为学生构筑良好的、有序的校园环境是管理学生的前提。高校校园环境文化首先是包括校园物质文化环境，它是指高校为师生员工学习、工作、生活、娱乐等活动提供的物质条件。高校的物质文化环境是高校校园文化的"硬件"，也是高校教育管理工作的基础环境或基础条件，如果没有良好的校园物质文化环境，高校校园文化无法健康地发展，高校教育管理工作也会缺乏相应的物质保障。比如，学校的环境幽雅，景色迷人，我们就可以用其自然美的景观来陶冶学生的情操，塑造学生美的心灵。校园的合理布局、花草树木、名人塑像、橱窗、宣传栏等，可让学生耳濡目染并感受浓郁的校园文化氛围。所有这些景观背后，都示意了包括建筑文化、历史文化、艺术文化、现代科技文化等"亚文化"的独特的内涵所在。而这种"亚文化"和校园总体建筑本身所构成的校园景观，使校园能时时处处洋溢着浓厚的文化气息。学生通过干净、整洁、优美的环境的陶冶和塑造，既约束

了自己的行为，又提高了自身的人文素养，达到促进高校教育管理工作开展的目的。其次是包括知识学术环境，主要指学术科研、教学管理、学风建设等方面的情况和条件。它是衡量一个高校校园文化建设的好坏、管理水平高低的重要因素，它甚至直接影响育人的质量。最后是包括人际关系环境，主要是指校园内部的人际关系，如学生之间、师生之间、领导之间、教师之间等多方面的关系，和谐、融洽的人际关系环境能使大家保持良好的心理状态，利于教，利于管理，利于学生的健康成长。

第四节　提高学生的创新意识

一、发挥学生的主动性

大学生的自我管理，包括大学生对自身的生理、心理、行为等方面的自我认知、自我监督、自我控制、自我完善。具体来说，大学生自我管理就是通过反馈分析服务好自己的三个方面，即了解自身的长处、管理自我目标、学会做事和与人相处。

（一）自我管理的入门——了解自己的长处

了解自我最重要的就是发现自己的长处，这是大学生首先要做的事情，也许要用整个大学的时光，但越早发现对将来的发展越有利。发现长处不能靠闭门苦想，而要通过实践检验并实施反馈分析。所以，作为大学生，要敢于尝试，在大学学习期间要尽可能地广泛涉猎一些书籍，在假期要抓住每一个实践的机会。一个有效的方法是，无论何时，只要你做出了一个重要决策或采取了一项重大行动，你都把你期望的结果记录下来。3 至 6 个月后，把实际结果与你的预期进行一下比较。

通过尝试比较，就清楚了在众多的抉择中，哪些是自己没有天赋、没有技能干好的，而在某些方面却一点即通，上手很快。人生短暂，善于明白自己长处的学生就懂得利用自己擅长的东西，从"入流"向"一流"冲刺，而不会在自己能力低下的领域里浪费精力，从"非常笨拙"争取做到"马马虎虎"。一个人的成就，只能建立在长处和强势上，不可能建立在短处和弱势上。

当然，一个人的成长是动态的，特别是对于可塑性较强的大学生而言，其长处也是不断发展补充的。长处可以靠挖掘，也可以靠培养。为了更好地生存，人的无限潜能也能帮助自己激发和形成新的长处。因而，寻找长处不是固有的模式和框架，而是不断定期进行反馈分析，把寻找长处、培养长处与发挥长处统一于实践，才能让长处充分发挥作用而真正成为一种竞争的优势。

在大学，学生在学习生活中难免有诸多抱怨，这很正常。也许对于很多人来说，当年轻有精力时，没有做事的外部条件，当外在条件成熟时，可能人老了没精力了。但所谓"非才之难，所以自用者实难"，善于自我管理的人，才善于自用其才，才能在广阔天地间让长处充分发挥，抓住机遇，走向成功！

（二）自我管理的核心——目标管理

在明确了自己的长处之后，接下来就是目标的管理。"做'正确的事比，正确地做事'更重要。"目标是什么？就是"做正确的事"。它包括下面两方面：

第一，设立目标，让生活有明确的方向。不想当将军的士兵不是好士兵，作为一名大学生，首先要志向远大，目标明确。设立目标，要把握三个要点，一是你的目标一定要结合你的优点，围绕你的长处来构思。设立的目标，要能强化你的长处，专注于你的长处，把潜在的优势转化为现实的优势。二是目标必须具体，不能含糊其词，任何人都不可能去实现一个模糊的目标。比如，你打算考某个资格证，打算毕业时考研，并且打算毕业后找一份什么样的职业等，一定要把资格证的名称、考研的专业、职业的性质确定下来。三是目标要适中，既不能眼高手低，也不能妄自菲薄。虽古人云："取法乎上，仅得其中；取法乎中，仅得其下。"但我们设立的目标如果太超过自己的知识和能力水平，那么目标就会成为空中楼阁。

第二，要分解目标，让你随时充满紧迫感。目标可区分为长期目标、中期目标、短期目标三类。长期目标要瞄准"未来"，要把眼光放到毕业后的人生当中。中期目标是当你设定了长期目标后，将它分为两半的目标。若设定一个10年期的长期目标，就把中期目标定为5年，5年比较 10 年，其实现的可能性更大。接着将 5 年再分成两半，直到得到了 1 年期的短期目标时，再按月分下去；短期目标是你应该最为关注的目标，其一般不要超过 90 天，这样能取得更好的效果。通过这样分解，你就可以把有限的精力放到当前的目标中去，全力以赴

（三）自我管理的重要内容——学会做事和与人相处

自我管理最终是要去服务社会，融入他人，而不是一味地管理"自我"，所以自我管理很重要的作用和意义在于它的社会性——学会做事和与人相处。学生经过了大学教育，最终是要进入社会的，所以在大学教育中，在学生自我管理的内容中，重视素质能力的提高是十分重要的。归根结底是要"学会做事做人"。做事，除了做好事，做对事外，还要提高工作效率，以最佳的方式完成。做人，除了做好人，做对人外，还要做个成长快，成功快，受人欢迎和敬佩的人。

（四）学生自我管理在高校管理工作中发挥着重要作用

学生自我管理渐渐成为高校教育管理重要的一方面，具有显著的作用。首先，能够有效地增强大学生的主动性，提高解决实际困难的能力。"自我管理"是以大学生为主的管理模式，大学生扮演管理者和被管理者两重身份，学生主动参与管理，又接受来自自己的管理，充分体现了学生的主体性。

其次，有利于塑造大学生独立的品质，增强社会责任感。"自我管理"

实质上是学生的自我约束。在高校规章制度的监督下，增强学生的自我控制能力，加强学生的主观能动性，使学生在学习生活中，对自己负责，对他人负责，对社会负责。

再次，能够帮助学生认识自我，发展自我。"自我管理"是一种软性的管理，学生在学校制度的约束下，能够充分了解自己的真正需要，在进行自我教育的过程中，有效地弥补自身的不足，实现自我发展。

最后，有助于丰富学生的校园生活，增强学生的实践能力。学生进行自我管理，更能积极地去开展校园活动，丰富文化生活，提高交际能力，社会实践能力也会有所提高。

（五）学好做事做人有几个基础

一是顺应良好的个性习惯。尽管我们说大学新生是站在同一条起跑线上，但他们实际上是带着将近二十年的人生履历进入大学生活的，一般都有自己的习惯。帮助学生区分他们习惯中哪些是好的习惯，哪些是坏的习惯，并设法改掉坏习惯是非常重要的。美国的民主先驱富兰克林的做法是，把坏习惯列成一个清单，按程度排序，下决心一个一个地改掉，每改一个划一个，直至划完为止。对于好习惯，要强化并顺应。比如在学习方式上，有的人是阅读者——通过读收获最大；有的人是倾听者——通过听收获最大。只要能学到知识，这两种都是好习惯，关键在于你自己属于哪一类。二是合理利用时间。微软公司创始人比尔·盖茨就把自己的成功归于抓住机会并学会掌控时间。大学生最大的资本就是年轻，充满活力。掌控时间，就是要合理利用学生拥有的时间（青春年少）和精力（充满活力）资源去换取知识和能力。我们要帮助学生学会协调两类时间。一是他控时间，如学校安排上课、实验的时间；二是自控时间，即属于自由支配的时间。一个人每天效率最高的时间只有20%，所以要学会用20%的时间做80%的事情。此外，锻炼身体并不是浪费时间。

三是借助他人的力量。一件事情的成功往往是多方面合力的结果，而我们每个人的能力是有限的。因此，要善于利用这些资源和能力来完成共同的任务。所谓聚沙成塔，众人拾柴火焰高！

四是善于沟通。现代社会是一个竞合时代。单枪匹马的孤胆英雄基本没有用武之地了。即使是英雄，也要有人支援。大学生生活的圈子小，人际关系相对简单，要学会把所处的环境看成是练兵场，培养与人相处的技巧，培养建立良好人际关系的能力。只要生活在社会上，我们就要与人打交道，相互沟通至关重要。了解别人，也要让别人了解自己，互通有无，才会有 1+1>2 的结果。要了解别人，就要学会换位思考，站在他人的立场上来分析问题，以同情的心态接受别人的观点。培养自己迷人的个性、得体的衣着、善意的微笑、诚挚的言谈、积极的进取心，从而让别人了解自己，欣赏自己。通过沟通，建立起牢固的人际关系网，你就有了生产力。

善于做人做事是一个较大的范畴，涵盖很广，市场上也有很多相应的书籍和碟片。学校管理做得再好，对于大学生来说只是一种外部的知识灌输和秩序的强制执行。而此时的大学生正在积极发展探索、发现、分析、解决问题的能力，也正处在一个自我分辨、自我抉择的时期。这种积极的、主动的认识自身主体的意识是很重要的。高校教育者的最主要的工作在于如何给予学生好的观念、方法和建议，为他们创造一个良好的成长环境，让他们更好地自我管理，帮助他们走向成功。

（六）高校学生实行自我管理的实践途径

（1）改变传统的管理观念，加强对"自我管理"的认识。高等教育不断普及的同时，高校教育管理工作也凸显了一些问题。比如，教育管理仍实行一种强制性的管理模式，学生只能遵守学校的各项规章制度，从而限制了学生的自我发展；从事学生管理工作的人员，包括班主任、辅导员整天都在忙于日常事务，或从事自己的工作，没有时间去了解学生的思想动态，不知道学生的真正需要，把握不了教育管理工作的关键所在；学校领导对学生工作不够重视，整天忙于学校大大小小的事务中，把教育管理置之度外；有的高校不断修建新的校区，后续的工作没有跟上，以上的这些情况，在很多高校都很常见。然而，这种传统的管理模式已经不再适应新时期的高校管理工作，因此学校教育管理者必须转变这种观念，接受新思想，树立以学生为主体的学生自我管理理念。

（2）创造大学生自我管理的环境，实行有效的自我管理。环境的作用对一个人的发展是有很大影响的。环境包括人和物两方面。大学生是学校的主体，是建设文明校园的主力军。高校只有充分发挥学生的自我管理作用，才能建设文明校园，才能培养出合格的大学生。宿舍是学生主要的生活场所，因此宿舍氛围的营造是一个重要的方面。良好的宿舍环境对于培养大学生的自我管理能力发挥着巨大的作用；教室是学生学习的地方，保持教室的安静是每个学生必须遵守的首要原则。

（3）制定大学生自我管理的一些制度，引导大学生进行自我管理。要使大学生进行有效的自我管理，就必须有相应的制度来约束。实行自我管理，并不意味着放任自由，而必须有一些制度作为底线。否则，就难以把握大学生的发展方向，也违背了高校人才培养的初衷。因此，相关制度的建立，对于大学生的自我管理，起着一定的引导和约束作用。

总之，要想有效地实行大学生自我管理，高校全体师生必须意识到自我管理的必要性，在班主任、辅导员或教育管理工作者的指导下和一些相关制度的约束下，充分挖掘学生的潜力，提高学生的自我控制能力，使学生在自我管理中全面发展。

二、改变学生的思想观念

伴随着社会主义市场经济的逐步发展，高校学生的思想观念呈现出多元趋向的若干新特点。

（一）价值观念的多元化

其一，价值取向的多向化与功利化共存。高校学生面对经济、政治体制大变革的社会环境，每天都在经受着改革开放的洗礼，感受着来自国内外各种政治、经济、文化思潮的影响，"供需见面""双向选择"也迫使他们去推销自己；社会现象和育人、用人的新模式深深撞击着他们的心灵，使他们的价值取向向多向发展。突出表现在就业选择上，他们认识到实现人生价值有多种途径，既可以在国内生根开花，也可以到国外拼搏；既可以到党政机关、国有企业工作，也可以到"三资"企业、私营企业服务或创业。许多学生认为"不能在一棵树上吊死"，同时，社会上纷繁复杂的经济生活的"投射"，使他们对个人利益的关注和反思明显增多。在行为中表现出明显的利益要求，外贸、金融、建筑等热门专业成了大学生追逐的目标，不管专业与否，其价值取向往往以功利为轴线向多向辐射。

其二，价值主体的自我化与社会化共存。改革开放以来，高校学生的自我意识得到明显增强。他们既赞成个体社会化的道理，又全面重新审视并高度重视自我价值，崇尚价值主体的自我化。他们认为在竞争激烈、优胜劣汰的市场经济社会里，在多元经济成分、多元经济利益、多元经济分配形式共存的社会主义初级阶段，必须凭借自我的主体性、能动性和独立性，才能实现自己的人生价值，进而特别重视培养自己的兴趣，期望在竞争中表现自己的个性。当前，"以自我为主体"的人生价值观在高校学生群体中得到普遍认同，大学生普遍具有"自我设计""自我成才""自我实现"的意识。

其三，价值目标的理想化与短期化共存。每个考入大学的高校学生，对未来都有着美好的愿望。为实现自己的理想，他们对社会政治、经济领域的变革十分关注。但这种关注带有一种重眼前、轻未来的反理想主义的倾向和一种文化近视特征，更多的是追求眼前的社会变革所带来的个人实惠，缺乏长远的战略思考，因而对社会变革和自身的发展都表现出急于求成的心态。

（二）思想情感的多元趋向

高校学生思想情感的多元趋向集中表现为思想情感的多层次，这种思想观念的多元趋向，均有其产生的客观经济基础和社会基础。从某种意义上说，大学校园里思想观念的多元现象，正是社会深化改革、新旧体制更替所引起的社会思想深层反响在高校的奏鸣曲。存在决定意识，在社会主义初级阶段，多元经济体制、多元经济利益、多元经济分配方式的共存，无疑将使人们的思维方式向多元方向发展。高校学生的价值观念、是非观念和思想情感自然难免呈现出发散型的多元状态。

一方面反映出高校学生的思想观念随着社会主义市场经济的建立得到了极大的启迪和更新，使他们对改革开放和我国的社会主义现代化建设事业充满了信心。另一方面，思想观念的多元化和无序化则可能导致高校学生的无所适从。无论是价值观念、是非标准，还是思想情感，在根本上只能是一元而不能是多元。

第五节 助力学生实现全面发展

在如何开展教育管理和教育活动问题上，相对于传统的教育管理理念，它具有自身的特点：一是教育服务理念体现了现代教育以人为本的精神，突出了主体作用；以培养现代主体人格为根本。它直接着眼于人，着眼于人的发展。

一、教育管理提供内部驱动力

我们的教育理念是培养人、改造人、塑造人，这具有合理性和教育价值。但是，长期以来，人们一直将学生为工作对象，大多采取填鸭式的教学模式，以至于我们不能正确理解教育与社会，教育与个人发展之间的关系，使许多教育政策与决策缺乏科学的基础。

二、引导高校教育管理提出新的目标

传统教育理念培养人一般只要求听话，而不注重对学生独立思考能力的培养。教师培养学生追求"齐步走""整齐划一"，对学生个体之间的差异和个体特征重视不够，因而培养出来的学生往往缺乏创新思维，很难适应时代发展的需要。

学生是共性和个性的统一。共性是指学生的群体属性，个性则指学生的个体属性。处于同一年龄阶段的学生，由于他们生命过程和生活经历的相似性，他们的身心发展在同一规律支配下，表现出某些相同或相似的属性和特征，即共性。但这些共性只是相对而言的，由于个体间家庭背景、社会环境及教育水平的差异，学生的学习能力存在一定的差距，学生的性格、兴趣、爱好、智力、能力也不相同，即具有个别差异。这种个别差异是绝对的，是不以人的意志为转移的。这是教育管理必须面对的事实。

三、在教育管理工作中树立服务意识的几点要求

（一）思想观念要转变

长期以来，传统的教育管理工作是以管理者为中心开展的，管理者对学生拥有绝对的权威，管理者与学生的关系是"管"和"被管"的关系，管理的内容主要表现为要求被管理者"做…""不做……""如果……就…….."。这样的管理方式在特定的时期，对矫正学生的不良行为习惯是起到积极作用的。但在这样的管理理念下培养出来的学生缺乏独立思考的能力，缺乏创新精神，依赖性强。随着社会主义市场经济的不断发展，社会竞争日益激烈，社会对大学生素质、能力的要求不断提高，传统的管理模式已经不再适合当前的高校教育管理工作，因此，相关教育工作者要树立新的管理理念，体现"以人为本"的管理理念就是适应新形势的有效方法，我们应意识到它的重要性，切实贯彻到管理工作的各个方面和环节中

（二）工作态度要转变

学生是整个教育过程的主体，整个教学过程要充分体现学生的主体地位，转变管理者的角色，不断优化教学方法，关注学生的日常生活，经常倾听学生的意见，及时对工作的不足之处进行调整，贴近学生生活，调动学生的学习积极性，最大限度地发挥他们的潜能。

四、优化教学管理流程

（一）建立一套科学、规范、完善的学生工作制度

高校应按照国家有关法律规定，依据本校实际情况制定完整的、可操作性强的程序、步骤和规章制度，并以此规范学生的行为。第一，学校要明确管理目标，不仅学校领导要参与，管理者要参与，作为被管理者的学生也要积极参与，在制定规章制度时，要尽量征询学生的建议，这也是实现"以人为本"管理理念的重要基础。第二，学生管理制度应当完善，不仅要注重制度内容，还应当注意到程序内容。比如，学生处分制度，应当列明学生在哪些情况下会受到处分，还应有学生辩护机制和申诉机制。在所有的程序都进行完之后，再由决策机构认定处分该不该执行。第三，学校应有快速的反应机制，对国家一项新的教育管理政策或者法规出台以后，学校应快速反应并制定出相应的实施意见。第四，除了这些强制性的规定，

还应当有一系列的自律性的规定，使学生明确集体生活中行为自律的

重要性而自觉规范自己的行为。

（二）发挥学生的主观能动性，变被动管理为自我管理

在工作中教师要注意调动好学生自身参与管理的积极性，让学生积极参与学生管理工作，改变学生在教育管理工作中的从属地位，不把学生简单地看作教育管理的客体，进而能够消除大学生被管理的逆反心理，促进大学生实现自我管理。教育管理中宜推行以学生工作处指导下的，以辅导员、学生干部、学生自律委员会为中心的相对的、教育管理方式。既能锻炼学生的能力，同时又达到了管理的目的。

（三）完善对教育管理者的选拔模式和培训机制

提高教育管理工作者的待遇，建立一支专业稳定的教育管理队伍。一是学生管理者的选拔模式要创新。如今的教育管理工作者的选拔制度存在一定的缺陷，有的是毕业生为了留校做老师而将从事教育管理工作。在选拔人才的时候需要教师具备教育学、心理学、管理学方面的知识。在国外做家政服务都必须具备心理学、教育学相关证件，持证上岗。教育管理者的选拔就更应注重教育、心理、管理方面的知识，最好是应具备这方面的教育背景。二是教育管理者培训机制要创新。教育管理工作是一项灵活多变的工作，需要管理者有足够的经验和专业知识处理各种突发事件。因此，对管理队伍的专业培训显得尤为重要。在新型教育管理模式下，任课教师更多地体现的是主导作用。学校要提高他们应对突

发事件的能力，让他们将"学会管理"与"学会学习"结合起来，使教育管理工作者能不断超越自我，从而培养出一支专业稳定的教育管理队伍。加深专业课教师对学生工作的了解，使他们能够主动关心学生的成长，从而在各高校树立全员育人的思想。

（四）加强学生的德育和心理健康教育

当今高校教育中的人才培养，不只是要使其获得专业知识和技能，也要培养其道德修养和心理素质。而大学生面临来自学业和就业等多方面的压力，易产生负面情绪。高等学校是培养主流意识形态的重要阵地，对构筑大学生良好的精神世界发挥着重要作用。高校学生教育管理者应通过各种渠道和方式，帮助大学生树立正确的世界观、人生观、价值观，形成高尚的道德情操和良好的心理素质。因此，高校教育管理工作中的重要内容就是加强学生的德育和心理健康教育。这一点很多高校已经认识到并正在推进，开展创新教育时特别要注意结合大学生的实际情况，广泛深入开展谈心活动，有针对性地帮助大学生处理好学习成才、择业交友、健康生活等方面的具体问题，提高思想认识和精神境界。要制订大学生心理健康教育计划，确定相应的教育内容、教育方法。积极开展大学生心理健康教育和心理咨询辅导，引导大学生健康成长，"以人为本"的管理模式是顺应当今形势行之有效的一套模式。教育管理者要结合实际情况积极运用这种模式，在管理中树立服务意识，充分调动学生自我管理的积极性和能动性，实现管理者和被管理者的有机融合，实现教育管理的时效性和持久性。

第六节　创新管理方式

创新是高校教育管理的灵魂，也是高校发展的关键。高校只有大力进行管理创新，摒弃陈旧、落后的管理方式和方法，创建一种与时代发展相适应的新的管理机制，才能真正提高高校的管理水平，从而提高办学质量和办学效益，培养大批优秀创新人才的现实目标。尽管全面创新管理是针对企业的创新提出的，但对高校也同样适用。

一、当前高校教育管理工作的主要问题

（一）管理体制落后

传统的高等教育管理体制受单一计划经济制度的影响，其在管理观念和教育手段上极大地落后于当今的社会和经济环境，市场经济的灵活多变是传统教育和管理体制无法适应的。以往固定的学制和课程也变得相对灵活，曾经的毕业分配政策也由大学生自主择业代替。大学生作为知识分子群体，世界观和价值观更能紧跟潮流，不断前进和变化着。随着改革开放的深入，经济政策和体制，社会物质和文化生活都在发生着翻天覆地的变化，大学生更加追求个性，思想更具独立性，传统的计划经济体制下的教育管理体系已经无法适应高校学生的管理工作。

（二）缺乏教育管理人才

要建设高水平的高等教育学校，必须在教育管理人才的引进上给予足够的重视。目前，我国高校教育管理队伍人员参差不齐，数量多，但整体素质不高，无法适应高等教育的改革和发展。因此，新时期的教育管理急需一支专业过硬、素质较高的教育管理人才队伍，强调其经验丰富，专业知识扎实，思想坚定，勇于创新。

二、高校教育管理工作创新的必要性

今日高校的功能已由单一走向多元，从简单趋向复杂，高校与社会的关系日益紧密。21世纪，人类社会正进入一个以智力资源为主要依托的全球化知识经济时代，伴随知识经济社会的到来，高等教育将在社会中发挥空前重要的作用。高校作为法人实体，必须有全面的创新思维，否则将落后于历史前进的步伐。全面创新管理特别是其根据环境的变化突破了原有的框架，突出强调了新形势下全时创新、全球化创新和全员创新的重要性，使创新的主体、要素与时空范围大大扩展。

（一）管理创新是培养高素质人才的需要

当前，科技飞速发展，新技术不断涌现，要培养大批高素质人才以适应新时期的生产建设，必须不断推进教育创新，这不仅包括教育观念、教育制度的创新，在人才培养模式和教育管理工作上也必须探索出一条新的道路，才能提高人才的素质和能力。教育管理工作是高校育人的重要手段，其本身不仅是一个简单的政策、制度、规章所能涵盖，它是一整套理论体系和系统工程的反映。教育管理工作的创新过程必须不断与外界思想、政策、环境相比较，适应时代的潮流和社会的发展，这样才不会被时代所淘汰。

（二）管理工作创新是高等教育大众化的需要

自 1999 年高校扩招以来，招生规模不断扩大，学生人数不断升高，以前所谓的"精英教育"渐渐被大众化的教育模式所取代，大学生的整体素质和层次也在发生着巨大的变化，这对高校教育管理工作是一个不小的挑战。高校教育管理工作只有积极创新，不断探索，才能适应高等教育大众化发展的要求。

（三）管理工作创新有利于顺利开展教学工作

我国当前正处于社会转型期，社会生活方式逐渐多样化，大学生的思想观念、价值观念、生活方式都在发生着巨大的变化。网络技术快速发展，大学生对于新知识、新技术的接受和学习更快。从教育管理的层面看，互联网的确带来了新的技术和方法，但互联网也冲击着传统的管理方法和体制。网络信息良莠不齐，不少学生难以判断、抵御不良信息的侵袭，其思想受到这些虚假信息的毒害，导致部分学生沉溺于网络游戏等，直至走上违法犯罪的道路。因此，学校必须对管理模式进行创新，这也是加强学生工作的需要，也是提高高等教育质量的需要。

三、全要素创新在高校教育管理中的应用

（一）高校创新发展战略的制定为全面创新指明了方向

高校在战略措施的制定上，要找准切入点，突出特色，坚持特色办校，将有限的资源用于战略性、关键性的发展领域，使之发挥最大的效用。高校的优势来源于管理者对内部所具有的专业特色优势、人才优势、学术科研成果、管理经验、资源和知识的积累，整体创新能力等多种因素进行整合。只有建立在现有优势基础上的战略，才会引导高校获取或保持战略优势。推进特色办校战略，不仅在某一学科或专业上有特色，而且尽可能在某一领域上有特色。

（二）创新文化建设是实现高校全面创新的源泉

各种创新活动都离不开良好的校园氛围，如果高校中人们的思路不清、机械、呆板，满足现状，不思进取，缺乏创新欲望、动机，对创新举动不予理睬甚至百般阻挠，就不可能形成强烈的创新氛围。据研究，国内外的一些著名高等学校，其保持长盛不衰的活力之源就是独特校风的延续和不断更新的机制。

（三）技术创新是实现高校全面创新的手段

现代信息技术对教师的学科知识结构以及掌握现代化教育技术的程度也提出了更高的要求，教学方法和教学手段的现代化及课程内容的更新，影响教学过程和人才培养的过程，对大学生的思维方式、行为模式、价

值观念、政治倾向等都产生深刻的影响。

（四）创新制度设计是高校实现全面创新的保障

任何一个制度和政策设计的终极目标都是要最大限度地调动人的积极性。高校必须承认个人在知识发展中的独特性，建立"以人为本"的有利于学生创新思维、创新能力培养的管理制度，既有利于充分发挥学生的学习积极性，又有利于充分发挥教师的教学积极性。

（五）学习型组织是高校实施全面创新的必然选择

随着我国高等教育向大众化阶段的迈进，高校办学规模不断扩大，管理幅度和管理层次也相应增加，高校实际上已经成为一个复杂的组织系统，传统的金字塔式的组织结构已很难适应知识经济的要求。因此，应改变组织结构，建立一种有机的、高度柔性的、扁平的、符合人性的、能持续发展的、充分发挥员工的创造性思维能力的组织。

（六）全时空创新在高校教育管理中的应用

全时空创新指每时每刻都在创新，使创新成为涉及学校各个部门和师生的必备能力，而不是偶然发生的事件。这就要求在课程体系中增加创新能力的训练和综合实践课程，提高学生在亲身实践中发现问题、解决问题的能力，进而激发灵感。

教师要更新教育观，转变教育思想，改变常规的教学方法，把学界的最新成果以及学术界正在争论的问题随时融进教学中，身体力行地站在创新的最前沿。在全球经济一体化的背景下，高校应该考虑如何有效利用创新空间，在全球范围内有效整合创新资源为己所用，实现创新的全球化，即处处创新。

（七）全员创新在高校教育管理中的应用

全员创新要求师生员工必须学习、学习、再学习，不仅要系统学习掌握基础的现代科学文化知识，而且要钻研某一专业方面的前沿领域，做到博与专，基础与特长的和谐统一，加强当前的阶段性学习，更要强调终身学习，不断增加新知识、新技能，保持良好的知识结构。高校教育管理人员再也不能像以往那样用传统的组织手段指挥一群富有知识、渴望创造的教育工作者，必须不断探索高校教育管理中的新规律、新问题，研究现代化高校教育管理的新的方法论，寻求新形势下行之有效的管理方法，努力增强高校教育管理的科学性和艺术性，不断提高管理成效，用信息化的管理方式取代传统的管理方式，更要学习借鉴国内外先进的高校学生管理经验。

（八）全面协同在高校教育管理中的应用

正常的教学秩序需要稳定的教师队伍和部门间的协同管理创新。目前，高校规模的不断扩大使高校教育管理创新呈现出纵向的多层次和横向的多部门性，并且相互依存。无论从高校教育和教学管理的主体还是从客体看，都不可避免地会出现利益和要求的多元化局面。高校教育管理中的协同创新行为是高校多个部门创新的组合过程，必须让所有参与协同的部门了解当前高校组织创新的实际情况，这不仅有利于单个部门的创新，而且在创新的过程中能进一步增进相互理解和信任，利用部门间相互协同创新，增强高校的凝聚力，提高高校的管理效率和创新能力，最终实现解决矛盾，缓解纠纷，消除内耗，达到整体创新的目的。

四、高校教育管理工作创新的几点建议

（一）完善教育管理制度

高校教育管理制度是在全校范围内具有普遍约束力的各种规章、条例、制度等，是高校依据国家有关法律法规制定的行之有效的管理办法。然而，我国高校的学生管理制度大多沿用老一套的管理办法，已经跟不上时代的发展。因此，必须尽快制定出与时代和社会现状相符合的管理制度，完善管理上的不足。

（二）思想政治教育的地位举足轻重

高等教育的根本目的是为我国的社会主义事业培养人才，为生产建设和经济发展提供人才保障。因此，社会主义思想政治教育一直是我国高等教育体系的重要组成部分。管理工作的创新也要充分利用思想政治教育这一强大武器，将马克思主义贯彻到大学生的生活、学习、工作中，为他们确立正确的世界观、人生观、价值观提供坚实的理论依据，使其能够自觉抵御各种不良信息和消极思想的冲击，将个人的成长与国家发

展、社会进步有机结合起来，促使大学生不断努力，不断前进。

（三）教育管理队伍专业化

目前来看，我国高校的学生工作管理队伍普遍存在这样那样的问题，如专业背景不同、理论基础不扎实，在学历水平和思想意识上也存在不小的差别，这对于高校的教育管理是十分不利的。因此，努力培养和造就一支学生工作的专家队伍是当前教育管理工作创新的当务之急。一支专业过硬、素质较高的教育管理人才队伍，不仅能够管好学生，更能服务学生，培养学生，提升学校的综合实力。

五、结论

高校全面创新管理体系的建立是一项复杂而艰巨的工程，不仅需要对全面创新管理中的要素理解掌握，还应采取如下策略：在宏观上，政府要明确在高校科技工作上的职能定位，加强对高校科技工作的战略规划，对高校实行分类指导，引领科研方向；中观上加强校内、校外，国内、国际的科技交流与合作，建立和完善科教经互动的合作创新体制，构建开放的人才培养体系和多元化、多渠道的科技创新投入体系；微观上各高校要实施高校科技管理体制创新工程，建设科技资源共享的创新基础平台，实施科技创新人才选培工程，培育科技创新文化，提高投入资金的使用效率。

第二章 "互联网＋"背景下大学生德育教育与人才培养模式

第一节 "互联网＋"视域下的高校德育

目前我国高校德育的目标在于培养学生正确的人生观、价值观和良好的道德品质。互联网技术的发展和普及，给高校的德育带来了深刻影响。一方面，网络技术给高校德育工作提供了新的平台，带来了新的教育模式；另一方面，网络的普及对学生的思想观念产生了一些负面的影响，使得高校德育工作的任务更重。互联网技术在高校德育中的应用不是一个全新的话题，以往的互联网技术大多是以德育载体的形式出现，二者的融合程度不高。互联网技术已经成为高校德育工作的引擎，是推动高校德育创新的动力。"互联网＋"背景下高校德育工作是从技术到思维、理念全方位的德育创新，是目前网络环境下提高高校德育水平的新途径。

一、对"互联网＋"内涵的认识

"互联网＋"实际上是创新 2.0 下的互联网发展新形态、新业态，是知识社会创新 2.0 推动下的互联网形态演进。需要指出的是，在这一概念中的"＋"并不是简单的互联网技术与其他领域简单的技术结合，而是来自思维、理念和模式上的"＋"。目前各所高校已经广泛运用互联网技术开展德育工作，二者的结合主要还是表现在对互联网技术的简单利用，运行模式相对单一，互联网技术尚未对传统高校德育工作产生实质性的影响和改变。也就是说目前互联网在高校德育中的应用，并没有像人们对"互联网＋"的预期那样，让传统教育焕发出新的活力。2015 年 6 月 14 日举办的 2015 中国互联网＋创新大会河北峰会上，业界权威专家学者围绕"互联网＋教育"这个中心议题，纷纷阐述了自己的观点。"互联网＋不会取代传统教育，而且会让传统教育焕发出新的活力。"这是本届峰会提出的观点，为"互联网＋"在高校德育中的应用提供了基本的行动指南，高校德育应该抓住这一机遇，将互联网与德育紧密结合起来，提高"互联网＋"背景下高校德育的实效性，为培养德才兼备的新时代大学生奠定基础。

二、"互联网＋"视域下高校德育的现状

（一）教学方法单一

目前大学生德育的主要课程——"两课"教育方法单一。作为高校德育的主要课程，"两课"的教育方法是直接关系到德育目标实现的重要手段。但是，随着网络在学生中的普及，以及学生自主意识的增强，高

校两课教学采取的以教师单向灌输为主、忽视学生感受的传统教学方法已经难以满足学生的需要。虽然目前高校德育课堂教学中已经使用了互联网资源，但是从整体上来看，还是没有根据学生的实际学习需求进行内容和形式上的创新，且方法单一。

（二）运用互联网技术优化教学方法的意识不强、效果不佳

虽然一些高校已经建立专门的德育网站，但是总体来说，数量较少，质量不高。多数高校的德育网站是由校团委和学生工作部网站代行其职能，这些网站往往有德育之名，却无德育之实，主要以宣传学生工作为主，没有发挥应有的德育作用。另一方面，许多高校德育工作者的网络技术应用水平较低，现实中我们很少看到德育工作者建立相应的微博群和QQ群，有的就算是建立了，其用途也是通知学校相关的学习工作安排。许多学校不重视在德育中利用互联网技术提升教学效果，加之教学内容比较陈旧，进而导致学生对德育失去兴趣。

（三）相应的网络规范体系和管理制度滞后

网络虚拟性、开放性等特点，客观上使得网络环境趋于复杂，加上目前网络管理制度和规范体系相对滞后，这种局面呈现进一步恶化的趋势，主要表现在两个方面。一方面，网络上存在着一些虚假信息、垃圾信息、色情信息等，对大学生的身心健康发展造成了严重的影响。另一方面，网络丰富了人们的交流方式。在网络提供的虚拟环境中，人际交往变成

了虚拟交往，虚拟交往所带来的网络道德危机使得网络环境更加复杂，这给大学生的价值观、世界观和人生观造成了极大的负面影响，增加了大学生德育的难度。

其次，互联网技术的飞速发展给大学生的价值观带来了冲击。网络的虚拟性和开放性在造成监管困难和信息泛滥的同时，也可能会带来一些新的问题。一方面，复杂的网络环境为提高学生的德育水平提供了理想的平台；另一方面，复杂的网络环境也对大学生的自制能力和价值判断能力提出了更高的要求。大学生年龄尚小、社会阅历少，是非判断能力不强，容易受到网络中一些负面东西的影响。这就要求我们加强网络道德规范建设，给大学生以正确的引导，使他们能合理地选择网络信息，规避网络中的一些失范行为，提升学生的道德修养。但是，目前我们的网络道德规范建设明显滞后，这也给德育工作的培养造成了极大的负面影响。

三、"互联网＋"视域下提高高校德育有效性的途径

（一）发挥互联网资源优势，提高学生的德育水平

首先，学校要充分发挥其德育主渠道的作用。一方面，学校要加强德育网络资源建设，在海量的德育资源中，教师要根据实际的教学需求对信息进行有序整理和优劣区分，提取其中学生感兴趣的信息资源作为开展网络德育的教学资源。另一方面，学校要加强德育专业网站建设，增强网站的吸引力，并通过 QQ 群、微信群等平台调动学生参与德育的积极

性。最后，学校要注重运用网络资源优化德育教学方法。学校根据大学生的审美能力和个性特点尽可能地将德育的内容和形式生动化、形象化，提高德育对学生的吸引力，进而提升德育课的教学效率。

其次，"互联网+"背景下家庭德育更加重要。家庭是学生德育的一个重要场所和环境。许多家长只注重学生的学业成绩，往往忽视了德育的重要性，这也是家庭德育效果不佳的主要原因。因此，要激活和发挥家庭在大学生德育中的作用就必须加强学生、学校、家长三者之间的交流，把家长纳入学生德育网络教育平台中，实现家校合作的大德育模式，增强德育渗透力，提高德育实际效果。

最后，强化"互联网+"背景下德育队伍建设。一方面，以社会主义核心价值观体系为中心指导德育队伍建设，确保德育教育沿社会主义主流价值观的方向发展；另一方面，提高德育工作者的德育理论素养，通过引进高素质德育人才，建立科学的考核和激励机制，不断提高德育工作者的德育理论素养；提高德育工作者的信息素质。"互联网+"背景下的高校德育，是互联网技术与德育深度集合的模式，它要求教育者要对互联网技术有更深入的理解。因此，在"互联网+"背景下，我们应该着力提高德育工作者的信息化素质，增强他们对网络功能、特征的了解和认识，提高其运用互联网技术开展德育工作的能力。

（二）构建"互联网+"背景下的德育新模式

首先，创新"互联网+"背景下的德育内容。一方面，学校要以社会主义荣辱观引领高校德育内容创新。社会主义荣辱观是社会主义核心价值体系的重要组成部分，也是我们重塑社会主义道德体系构建和谐社会的重要依据。社会主义荣辱观是一般社会成员道德品质的标准和规范，高校大学生的道德品质修养也应该以其为中心，这既是高校德育的德性目标，同时也是网络环境和社会发展对高校德育提出的新要求。

其次，创新"互联网＋"背景下的德育方法。一方面，学校要加强高校校园德育网络平台建设。学校既要培养一支懂得德育专业知识的网站管理人员队伍，又要提高德育教师的信息技术水平，使校园德育工作能够顺利推进。

最后，创新"互联网＋"背景下高校德育有效性的评价机制。高校德育有效性评价机制是德育有效性得以实现的重要保证。其实质就是"通过科学的反馈，对大学生德育的过程和效果进行实事求是的分析，做出定性、定量的评价"，具体来说德育有效性的评价机制创新主要表现在这几个方面：将"以人为本"作为德育评价的基本指导理念；德育评价要坚持全面性和科学性原则；重新确立评价主体，将学生、学校、社会以及家庭均纳入评价主体范围；评价内容包括主体评价、教育方法和形式评价以及德育环境评价；坚持定性与定量结合、自评与他评结合、过程评价与结果评价相结合的评价方法。

"互联网＋"视域下高校德育有效性的问题是互联网技术在教育领域深入应用的表现，它不仅体现了高校德育与互联网在技术上的结合，同时还体现了互联网技术模式在高校教育中的创新应用。

第二节　提升大学生网络德育实效性的路径

作为大学生德育工作的平台之一，互联网发挥着至关重要的作用。作为新时代的高校教师，应当顺应时代的发展潮流，灵活地运用互联网技术，积极构建网络育人机制，为高校德育事业的长远发展"添砖加瓦"。那么，当前大学生网络德育工作陷入了哪些困境？应当从哪些方面入手，走出困境，提升教育实效性呢？

一、大学生网络道德教育的特征

教育内容海量化、传播性强以及教育形式多样是大学生网络道德教育的显著特征。首先，教育内容海量化。随着互联网与数字技术的飞速发展，助推了各大资讯、媒体的发展，随之而来的是大量的信息，这为当前大学生德育工作带来了一定的挑战。在此背景下，教师要善于甄别、利用这些信息，对大学生德育工作的渠道、方式进行拓展，尽最大的努力让学生接受德育理念，培养积极向上的学习态度。在新媒体、数字技术的辅助下，学生能够更好地传播德育理念，这也符合学生全面发展的需求。其次，传播性强。在互联网环境下，不会被时空约束，而且通过互联网平台开展德育教育工作，可以增强学生的学习积极性，吸引学生踊跃投入进来，获得更好的教育效果。最后，教育形式多样。大学生网络德育教育工作中，教师可以优化传统的教学方式、教学手段，通过微信、微博等来传播德育理念。如此，不论何时何地，学生都能够进行学习。而且，这也可以促进线上、线下教学之间的完美融合，第一时间解决学生在学习中遇到的问题，帮助学生走出困境，提高道德素养。

二、大学生网络德育的困境

（一）教学方法相对陈旧

从某种意义上来说，大学生德育工作就是教师向学生传递良好的思想观念、道德规范的过程。近年来，互联网技术飞速发展，各种新媒体技术应运而生，不论是传播方式还是信息的发布途径，都从最开始的单向度、集中式逐步向多向度、个性化转变。这就意味着师生在互联网处于平等地位，二者都能够获取知识，进行情感的交流以及传播信息。在此期间，教师不再"独占"信息发布平台，也丧失了传播信息的优势，学生也可以从各种渠道，与如自媒体、其他传播主体互动，产生不同的声音，以此互相影响，这就在一定程度上弱化了教师的权威性。除此以外，有的教师传统理念根深蒂固，依旧沿用老旧的方法、手段开展教育工作，未能将网络信息加以整合，也无法精准地把握话题走向。长期处于这种模式下，很容易引发学生的抵触情绪，学生不愿意参与进来，最终的教学效果必然会大打折扣。而且，与以往"说教"式的教育模式相比，学生更容易认可、接受网络环境下的自我教育……以上种种，都降低了教师的主导性，这也无疑对大学生网络德育提出了更大的挑战。

2.教育内容零散，严重缺乏深度

大学生网络德育的内容与当代社会主流思想是否契合，是否能够紧跟社会发展的步伐，是否能够引领学生朝着正确的方向发展，与德育工作效用的发挥存在着密切的关联。现如今，互联网技术持续发展，出现了各种各样的网络德育平台，让网络社群的力量得到了充分的发挥。但是，就实际教育情况来看，可以发现一个普遍的现象，即不少网络媒体、平台传递的德育价值非常有限，这主要是因为一些高校为了弥补传统教育的不足，直接将大量的信息、资源发布至校园网络平台，并没有经过严格的审查，深度设计更是谈不上。这就无法保证大学生网络德育内容的实际价值，导致其与主流教育思想相偏离。

3.传播途径无序

近些年，人们获取信息的渠道更广，速度也更快，但是，许多谣言也由此产生，扰乱了正常的社会秩序。究其原因，主要体现在以下三点：首先，传播主体媒介良莠不齐，有的甚至会恶意传播不实的消息，只为了博取更多的关注。其次，信息传播内容过于零散，碎片化的信息不利于大学生的全面发展。最后，热门话题、信息停留的时间不长，部分未曾经过证实的消息被大肆宣扬，一传十、十传百，造成了许多负面的影响。

4.学生学习兴趣不高

学生学习兴趣不高、参与度低是高校德育工作的又一困境。对于大部分学生而言，德育知识是乏味、枯燥的，他们对这门课程往往提不起兴趣。加之，部分教师将重心放在理论知识的灌输上，导致课堂沉闷，不仅难以激发学生的学习兴趣，还会影响学生的学习积极性。另外，许多教师考虑到大学生的身心特点，并未过多地限定大学生的学习时间，这样就会助长学生的倦怠心理，致使学生课堂参与度降低。大学生不愿意参与课堂教学，大学生网络德育工作也就无法顺利展开。

三、丰富大学生网络德育工作的教学方法

（一）以学生主体，满足学生多元的学习需求

要想推进立德树人根本任务的落地，那么就必须明确一个问题，即"培养什么人"。学生是学习的主人，高校德育工作中，教师也应当在教学活动中充分体现学生的主角地位，尽量满足学生多层次的发展需求，让德育的实效性得以提升。具体来说，可以从两个方面入手：

1. 充分重视学生多层次的发展需求

人在发展的过程中受到各种因素（如环境、遗传等）的影响，其发展需求往往也会受到影响，呈现出多层次的特点。而这就决定了接受的多层次性，即接受主体的多层次需求、不同接受主体对同一对象的不同层次的需求。就大学生来说，他们正处在三观塑造的重要阶段，满怀实现自我价值的发展需求。为了实现自身的发展需求，相关教育工作者应当

将学生的发展需求作为入手点，力求解决学生的实际困难，让高校网络德育工作更具实效性。简单来说，就是多关注学生，了解学生的内心需求、价值取向，发挥网络技术的优势，打破时空的束缚，为学生讲解社会热点问题，让学生深切体会到学习的重要性，增强自信心。

2. 丰富对学生的情感体验

情感包含了两个层面的内容，分别是道德感与价值感。在大学生网络德育工作中，情感在每时每刻都有所体现。大学生各项能力趋向成熟，但有时也会感到迷茫，或是脆弱，加之人生阅历不足，在许多时候极易被不良信息所误导。所以，教师在开展网络德育工作时，应当就网络热点背后的原因进行分析，使学生学会理性分析，养成积极、乐观的人生态度。不仅如此，教师还应当为学生营造一种融洽、宽松的网络教育环境。德育工作并不意味着必须要用严肃的方式来开展，教师可以尝试用学生喜闻乐见的方式，对学生进行情感熏陶。值得注意的是，大学生网络德育工作应能够充分体现学生的主体性，但也要立足于正确的基本立场与教育目标，切忌盲目满足学生的学习兴趣，应紧扣立德树人这一根本任务，为国家培养更多优秀的社会主义建设者与接班人。

（二）优化内容体系

教育内容是衡量教育成效的重要标准，对于大学生网络德育工作来说，这点也不例外。优质的教育内容有利于网络德育功能的发挥，为达成立德树人根本任务提供有力的支撑。在以往的高校网络德育工作中，教育内容往往缺乏针对性，不能很好地解决现实问题。要想提升大学生网络德育的实效性，广大教师就必须以社会主义核心价值观为引领，对网络德育内容进行优化、完善，融入爱国主义教育、党史教育、国际形势分析等内容，并在网络德育平台上加以呈现，最大限度地发挥这些教育平台的作用，让社会主流思想根植于学生内心，为其思想发展提供导向。除此以外，教师还有必要与学生的现实生活联系起来，了解学生真实的思想，把握其与社会主流思想之间的差异，基于学生的实际需求，设计能够解决学生思想疑问的教育活动，有效解决学生的实际问题，帮助学生实现全面发展。

（三）引导舆论导向

如何理解传播功能呢？简单来说，就是通过多样化的德育载体，向学生传递一些教育内容，并且保证能够对学生的全面发展带来积极影响。大学生网络德育要想优化传播功能，让传播内容发挥出其效用，就必须要在做好内容的基础上，创新形式、融合与借鉴方式方法。在此期间，议程设置的落实就显得尤为关键了。什么是议程设置呢？可以理解为强调媒介与媒体通过反复播出重要议题，不断强化议题在受众心中的重要程度，有效引导社会舆论导向。一方面，学校要建立健全网络德育模式，冲破时间和空间的限制，讲述中国特色故事，引领学生学习优秀文化；另一方面，学校要发挥大数据技术的优势，将智慧教学落到实处，不断优化教育内容。例如：学校可以利用软件（如超星学习通等）播放教师准备好的课程资源，不论何时何地，学生都可以学习自己喜欢的课程；教师可以借助各大软件（如腾讯视频、QQ课堂等），做"教育主播"，与学生进行交流、互动。以上种种，都不会受到时间和空间的限制，只要学生有手机、电脑，保证有网络，就可以学习。与传统课堂学习相比，这样的学习模式更加自由、开放，对学生而言有着更强的吸引力。

（四）整合学习资源

学习的最大动力，是对学习材料的兴趣。其实，大学生网络德育学习也是一样的道理。教师切忌将德育局限在教材上，而是要适当拓展、延伸，引入一些学生感兴趣的元素，以此激发学生学习德育知识的兴趣，让学生在兴趣的驱动下踊跃投入进来，取得事半功倍的效果。细心观察大学生，可以发现他们对音乐有着极强的兴趣。而且，音乐形式、内容丰富多样，许多音乐作品都隐含着深刻的德育内涵，可以对学生的思想品德带来积极、正面的影响。所以，教师在开展网络德育工作时，不妨渗透一些有利于学生思想认知、道德素养提升的音乐元素，让学生在潜移默化中净化心灵、陶冶情操，实现思想的升华。例如：民族音乐是音乐艺术的瑰宝，是中国传统文化的一面镜子，教师可以提前选择一些优秀的民族音乐作品，将其渗透到德育工作当中。在课后，教师也可以利用新媒体工具（如微博、微信等）与学生分享知识，就优秀民族音乐进行交流、探讨。在此期间，教师坚持"寓教于乐"的原则，有步骤地引导，带领学生深层次剖析、解读蕴藏于经典作品中的优秀文化，使学生树立文化自信，并且形成良好的文化辨别能力。这样不仅有利于中华优秀传统文化的弘扬和发展，还能有效激发了学生的爱国主义情怀，增强学生责任意识，为民族复兴贡献绵薄之力。

总而言之，积极落实大学生德育工作是高校实施各项工作的前提，重要性不言而喻。在日常工作中，广大教师应当积极探寻网络育人与德育工作之间的契合点，促进二者的有机融合，切实提高网络德育工作的实效性。具体来说，教师可以从凸显学生的主体性，满足学生多元的发展需求，优化教学内容，提升传播效率，引导舆论导向，整合学习资源等方面入手，努力构建高效的网络德育课堂，使学生在获取丰富德育知识的同时，形成健康、积极的三观，促进学生健康成长。

第三节 "互联网＋"背景下大学生德育与创新创业教育融合

当前，全球经济因多种因素发展步伐逐步减缓，我国为了优化经济结构，实现经济转型升级，不断加大对创新创业的支持力度。近些年，高校毕业生面临严峻的就业形势，如果要在市场中更具竞争力，除了要有较强的专业技能，还应具备良好的道德品质，实现全面发展。所以，在创新创业教育开展的过程中，教师需要对学生的创新意识进行培养，同时要传授学生创业知识与技能，使得学生的软实力得到提升，这和德育的目标是相匹配的。创新创业教育和德育都可以促进学生的全面发展，两者的融合将更好地实现人才培养目标。

一、"互联网 +"背景下大学生创新创业迎来的机遇与挑战

（一）"互联网 +"背景下大学生创新创业迎来的机遇

在新时代下，互联网的重要性日益凸显，它也成为人们生活与工作中不容缺少的一部分。"互联网 +"是指借助网络信息技术，融合互联网与传统行业形成的新业态，其具有开放生态、跨界融合、创新驱动等特征，可为大学生带来更多的创新创业机遇。

首先，大学生可获得创业创新的新视角。自出现互联网技术后，信息传递效率也实现了大幅提升，时间、距离已不再是信息传递的障碍，以往存在的创业问题在互联网视域下可以更好地被解决。互联网的发展使社会与行业都进行重构，创业机会相应增加，也正是因为互联网能够高度共享资源，学校可以基于其特征之上挖掘更多的创业价值。

其次，大学生可利用更多的创新创业的平台找到适合自己的工作。所有人在"互联网 +"背景下，都可成为内容的创造者。在互联网平台中，大学生可将各行业的优秀人群集合在一起，一起完成任务。同时，大学生也可以借助互联网将目标客户聚集起来，更为精准地解决客户的需求。此外，互联网拥有极为丰富的资源，大学生借助该平台可以学习创业知识，

获得更多新的技能，进而不断优化创业项目。

再次，大学生可优化创新创业新模式。互联网使产业更为充分地融合，分工也日益精细化。微信公众平台促使新媒体诞生，"互联网＋"背景下，出现了各种新技术、新平台，大学生也由此获得了新的创新创业模式，渠道成本也大幅缩减。出现众筹模式后，许多创新创业项目的启动资金基本都是零元，也就是无须成本就可以进行创业。

最后，大学生可获得良好的创新创业氛围。国家现阶段已将"大众创新创业"视作重点内容，并出台了一系列政策为创新创业提供支持。国办还专门从师资、资金等多方面为创新创业提供政策支持。教育部等还通过相关文件的颁布，不断鼓励大学生进行创新创业，这都是在创设良好的创业氛围，对大学生进行有效激励。

（二）"互联网＋"背景下大学生创新创业遇到的挑战

首先，大学生缺乏创新经验与能力。商业活动本就非常复杂，特别是互联网时代下，商业环境复杂度不断提升，学生基于已有的知识与经验开展创业活动，难免有力不从心的情况，所以应积极补习知识。其次，大学生缺乏明确的创业目标。某些大学生在进行创新创业时随波逐流，因周边同学都投入创业行列，自身也被影响而加入其中，但此类群体的创业目标往往是不明确的。加上大学生虽然在学校中获得了丰富的知识，但缺乏管理理念，缺乏创业经验，所以进行创新创业时，大都未事先调查好市场状况，对市场的整体发展趋势、产品的价格、营销方式等不够了解，进而在创业时走了很多弯路，许多人在遇到困难时直接放弃，所以常常有创业失败的案例。最后，大学生相对缺乏创业资金。创业如果缺少资金必然是无法顺利开展的，制订了一系列的创业规划，却缺乏资金，所有的努力也将成为纸上谈兵。大学生创业者大都没有收入，创业资金相对有限，一般来说都是找家人、亲戚、朋友筹集资金。根据相关调查得知，大学生创业资金从个人与家庭方面获得的占 80%，因此家境相对较差的学生几乎是无法创业的。而企业投资者方面，由于大学生缺乏社会历练，不够了解市场经济，因此也不愿意为大学生提供创业投资。

二、大学生创新创业教育发展现状

（一）高校引导大学生创业创新教育力度不够，方向模糊

创新创业教育不是简单的某个学科或者是某种技能，它是完善全能型人才培养体系构建中的重要一环。大部分高校对创新创业教育的理解有误差，只是设立了相关课程，和其他专业教育没有进行融合发展，好像是响应了教育部门的号召，实则效果不是很好。在教学时间和教学内容上都缺乏系统的规划，没有形成一套完整、科学的教育体系，这也让创新创业教育在高校中所处的位置很尴尬。创新创业教育学科不健全、课程内容不系统，这个问题是我国高校普遍存在的。高校的育人侧重点大部分放在了完善学生的职业生涯规划上，一部分高校在就业指导课程中初步加入创新创业教育内容，一部分高校会邀请创业成功的人士来校讲

述成功的创业经历，还会举办一些校内创业大会等。这些形式可以激发大学生的创业意识和创业精神，但讲座、竞赛都是不定期或者是一年几次，没有创新创业教育的实质性内容，学生能汲取的创业知识不多。有的学校在进行创新创业教育后，学生产生了"功利性"心理，错误地认为创新创业就是赚取，忽略了自我综合能力的提升和职业道德的塑造，这与国家倡导的初衷是相违背的。

（二）大学生缺乏创新创业的知识和技能

目前，大学生在谈及创新创业时，主要提出了三个问题，一是对创新和创业教育概念不太了解；二是现在的高校有很多大学生都想要在毕业后自己创业或者是和同学一起创业，但从大学生活刚开始时就开始策划的人是极少数的，大学生创业缺乏经验也是大学生创业失败率高的原因之一；三是大部分学生很想在校学习创业。大学生如果缺乏创新创业的知识和技能，创业的时候没有市场分析能力，对市场的需求缺乏判断的能力，仅仅凭借一腔热血创业，最后往往会导致创业失败。再者，大学生经济来源主要是家庭，但不是所有的家庭都会全力支持孩子创业，一些家长更希望自己的孩子在毕业后找到一份稳定的工作，所以不愿意给予大学生创业资金，这就导致了有创新创业想法的学生，因为创业资金不够而没有创业成功。所以，想要创业成功，学校的引导、自我能力的提升、创业经验、资金支持这几点缺一不可。

三、创新创业教育与德育的有效融合点

从目前大学生的整体情况来看，大部分大学生缺乏创业经验，所以今后高校也应尤为注重此方面的教育与引导，使学生都可形成较好的创新创业思维，并将其和德育进行融合，使得大学生了解创业的不容易，从而在创业过程中更谨慎，能够积极思考，更好地发挥自身的优势，实现个人价值。教育的目的是立德树人，但一定要明确培养人才的目标，明确"如何培养人才，培养什么样的人才"。在大学生创新创业能力培养的过程中，教师必须要坚持立德树人原则，既能帮助学生积累创新创业经验，又能培养学生的社会责任、政治意识、价值观等，这也是创新创业与德育两者的有效融合点。

（一）创新创业教育的政治功能

首先，教师要充分了解国情。习近平总书记多次强调创新创业教育的重要性，这也是其对新一代青年的期待，认为青年必须要有担当、有追求，为中国梦的实现贡献青春力量。而在开展创新创业的过程时，教师应结合中国的实际国情，并考虑到时代整体发展的趋势，深入地了解民生问题，引导大学生锤炼自身的意志，提升创新创业能力。

其次，教师要鼓励大学生毕业后，积极就业。大学生在新时代下会面临更大的就业压力，创新创业教育课程的开设，可使得毕业生拓宽自身的就业思路，寻找新的价值实现途径，教师应鼓励大学生积极创业，帮

助大学生实现自身的价值。

（二）创新创业教育的社会功能

第一，社会能力。要实现学生的全面发展，社会能力是不可或缺的一部分，实践能力更是尤为重要。引导大学生结合社会的发展树立正确的意识，积极参与公益事业，加强和他人的协作，妥善处理好人际关系，将所学的理论知识更好地应用于社会实践中。而在社会能力方面，在开展创新创业教育的过程中，此能力的培养主要将重点放在建立创业团队，加强管理等方面。第二，社会责任。由于过多地追求利益极易使学生忽视自身的社会责任，所以在创新创业教育时，教师必须引导学生建立正确的价值观，使学生承担起应有的社会责任。

（三）创新创业教育的思想教育功能

创新创业教育的核心并非让所有学生都参与创业，而是培养学生的创业精神，引导学生树立远大理想，并懂得如何朝着实现理想的方向不懈努力。在教育过程中，教师可以引入一些创业者的故事，对学生进行正向的指引，让学生在面对困难时能够不逃避，敢于积极面对。

创新创业教育中有一部分管理知识是针对创业风险的，此项内容可使大学生形成风险意识，了解创业是具有一定风险的，也由此先形成心理预警，做好抵抗风险的准备，进而在创业过程中即使遇到再大的难题，也有较强的心理承受力，不会轻易被困难打倒。

实践环节是教育中非常关键的内容，可使学生真正对创业有深入的认知，并通过实践逐步对自身有更为深入的了解，对职业生涯进行系统性的规划，以后也可少走弯路。

四、建立创新创业教育与德育融合机制

（一）项目化教学为教改模式提供指引

教师要基于创业项目要求进行课程设置，结合项目的开展进度设置课程任务，并通过课堂实训让学生进行分组讨论，在交流探讨中寻找问题的解决方法。教师还可以让学生在学习过程中动手操作，在完成实训任务时，学生的职业精神也可能够得到培养，社交能力也能够得以提升，德育目标也能够更好地实现。

（二）构建多元化的育人机制

学生的创新创业教育是学校的任务，也是学生个人以及企业的任务，必须要三者共同参与其中，才可将其和德育融合的作用更好体现出来。首先，加强校企之间的合作，培养学生的职业素养。在学生思想道德修养教育中，职业素养是核心内容，也是德育的重要目标。加强校企之间的合作，可以让学生到企业中感受企业文化，了解企业的发展历程以及运营状况，在真实的场景中进行教学实践。同时，教师可让学生深入到企业中进行实习，真正加入某个实践项目中，将自身的能力与职业要求相对比并寻找差距。教师也可让企业中的优秀员工或企业家到校园举办讲座，或参与到校园课程开发中，促使学生更好地提高职业素养。企业、创业孵化园应为学生提供实践支持，学校应积极建设创业孵化园，无论是场地、政策、费用、法律法规等各方面都必须给予学生最大限度的支持，让他们能够根据自身的实际情况制定创业计划。

（三）针对创新创业教育与德育教育融合创设良好的校园文化氛围

对大学生来说，校园文化所具有的导向与激励效用是毋庸置疑的，教师可通过开办创新创业大赛、设立训练营等活动，来创设良好的学习氛围，为双创教育和德育进行充分融合奠定良好的基础。首先，教师可以鼓励学生参加创新创业大赛，此种类型的比赛可对学生的学习成效进行更好的检验，可借鉴市场中优胜劣汰的模式，促使学生有更强的竞争意识，培养学生的自信心。其次，教师可针对创业活动设立训练营。学生社团有利于学生兴趣能力的发展，教师可以邀请专业人士加入训练营中，为学生提供良好的指引，激发学生的学习热情，通过系统化的培训，可使学生少走弯路。

（四）建立专业的机构，为创业教育提供强力保障

创新创业教育的开展，组织机构保障尤为重要。高校应结合国家对此方面的要求，建立创新创业学院，可联合就业指导、教务处等部门，明晰各部门在其中的职责，做好工作分配，确保人力、物力、资金方面的充足性，为"双创"教育和德育教育充分融合提供有力保障。

在"互联网+"背景下，大学生获取信息的途径越来越多，国家与社会对他们的要求也在持续提升，要使其成为国家所需的人才，大学生的创新创业教育显得尤为重要。而德育和创新创业教育有着密不可分的关系，两者之间是相辅相成的，在教学实践中寻找两者的契合点，将共同的作用最大限度地发挥出来，才能培养出更多创新创业型人才，为国家的发展贡献力量。

第四节　以"互联网+"思维创新"三全育人"方法与实践

高校应积极培养学生的"互联网+"思维，坚持以互联网为依托，推动互联网与"三全育人"深度融合，创新育人理念、育人思路、育人方法、育人手段，实现全员全过程全方位育人，促进学生思想政治工作质量全面提升。

一、利用大数据推动"三全育人"精准化

随着信息技术的飞速发展和广泛应用，我国的数字化进程已经扩展到政务、民生、经济等各个领域。同时，大数据也将触角延伸到高校的每个角落，"数字校园"逐渐融入校园发展中，推动着教育变革，成为高校抓好内部治理，提升育人精准化的重要模式。

高校承担着立德树人的根本任务，培养信念坚定、道德品质高尚，负有社会责任意识的时代新人是高校人才培养工作的重点，也是时代新人的本质特征，而大数据的应用则为精准德育提供了重要机遇。高校要通过数据的"三步走"，实现精准育人"三重奏"。第一步是以大学生德育"需求侧改革与供给侧改革并举"为导向，建立大数据采集平台，通过网络学习平台技术、网评网阅技术、物联网感知技术、智能爬虫技术等构建学生大数据采集平台，采集、记录大学生德育整个过程中的数据。第二步是通过以大学生德育活动中思想动态、行为表征等不同维度的数据为依据，应用人工智能技术，分析大学生思想政治观念及心理状况，预测其学习行为表征，为数据分析、画像描绘、精准供给和教学评估提供数据、平台保障，实现教育内容个性化、精准化供给。第三步是建立针对学生德育效果评估的考核评价模型，通过大数据技术将相关数据信息融入模型中，建立精准评估系统，最终形成针对每个学生个体的"德育成绩单"。同时，根据大学生德育精准实施结果的评价反馈，不断优化、更新和调整符合大学生学业发展水平的德育教育教学"产品"和"服务"，提升高校德育精准供给的水平和质量。

推进大数据"精准帮扶"。帮扶贵在精准，重在精准，成败之举在于精准。在大学生帮扶过程中，以往学生自己讲、辅导员推、学院评，层级关系多、主观因素多，反映出来的结果与学生的实际情况往往存在偏差。数据的价值之一就在于其客观性。大数据技术的应用能够把实实在在的数据反映在评价体系上，把生活中的点滴反映在评价指标上，避免了真正在学习、心理等方面存在的问题不能及时被发现等情况发生，使帮扶更客观、更精准、更及时。高校可探索依靠大数据技术，在学生学习的各个阶段，建立学生发展模型和评价体系，通过每个学生独一无二的"画像"，分析、预测学生的发展趋势，进而提前对学生的行为进行预判和及时干预，实现"生活帮扶""学业帮扶"和"心理帮扶"。通过学生接入校园无线网络，抓取每个学生在网络上的活动，如果学生浏览特殊网站、搜索特殊词汇，可以及时发现、及时干预。

推进大数据"精准管理"。大数据为高校教育管理提供了精准、有效和可靠的数据支持，助力高校教育管理向精准化、个性化、可视化方向转变。首先，建好学生"数据库"，让学生有"数据身份"。通过实时监控、采集、分析和研判学生在校园内的线上线下学习、生活、活动轨迹，运用智能算法为每个学生建立数据库，用多个"标签"为其"画像"，使每个学生呈现"独一无二"的管理特征，为管理提供了数据来源、基础支撑。其次，绘好信息"晴雨表"，让信息有"准确记录"。依托高校学生工作管理平台，探索采用网格化管理的理念，构建网格化服务管理机制，管理者们把在高校巡视、管理、与学生交流的过程中发现的问题进行事件信息上报，做到定位精准、信息可靠。最后，建立起服务"连心桥"，让管理"务实高效"。在及时报送相关信息的基础上，通过平台对问题进行自动分类，并根据处置权限派遣任务或逐级上报，让事件能够及时准确推送到特定部门，快速高效解决学生的实际问题，整个过程细化到每一个环节、规范到每一个步骤，具体到每一个动作、落实到每一位学生，将学生教育管理工作真正做精、做细、做实、做深，保障大学生健康成长。

二、加强媒体融合推动"三全育人"协同化

媒体融合是宣传思想领域的新方向、新趋势、新业态，是高校"互联网＋"强化主流舆论引导的典型代表。高校要高度重视媒体融合，解决好传统媒体与新媒体各自为政的运行局面，以及新媒体平台多头管理、资源浪费、低效运行的现实状况，通过对媒体资源的整合利用、融合发展，实现发"小"声音讲述"大"故事，用"微互联"成就"大思政"，在媒体融合中推动"三全育人"工作创新发展。

融合教育载体，全方位打造融媒体矩阵。当前，在我国高校中还存在着传统媒体与新媒体混用的情况，应全面整合各类教育载体，打造全方位融媒体矩阵满足高校宣传思想工作的现实需要。首先，在组织架构上，学校要探索成立校级媒体融合机构，对媒体资源进行有效整合，避免政出多门、令出多人；其次，在工作机制上，学校要积极探索构建集平台建设、内容创作传播、舆情监控分析处置于一体的媒体融合育人协同机制，为学生提供接地气的传播平台、学习生活服务等，实现协同创作、集体发声、师生互动，形成网络育人工作同台演绎、同频共振的格局；最后，

在业务内容上，要实现融合，媒体融合既是对各类新媒体平台的整合，也是对传统媒体与新媒体的融合，同时也是对媒体资源与高校教学、科研、党建、学生管理等系统的有效整合，要把宣传思想工作与各项具体业务工作紧密结合起来，推动学生日常教育管理相关工作的全面"触网"。

高校媒体融合的通道需要由单纯的网络途径向立体式全空间通道转变，以实现教育信息的全媒体覆盖。首先，相关部门可以通过手机 App、微信公众号、小程序、朋友圈、视频号、B 站等多种渠道，向学生提供热点话题和通知公告等教育信息、个人课表和讲座报告等教学信息、水电查询和公寓报修等生活信息服务。其次，相关部门可以通过网络直播系统，将校园大型教育活动、赛事活动、文体活动等以网络直播或录转播的方式高速传送给关注者。再次，相关部门要通过数字电视系统，将经过精心策划、编辑的"微视频""微信息"等教育内容推送到公寓、食堂、广场等墙面电视和校园各主干道 LED 大屏幕上，覆盖校园各大角落。最后，相关部门要探索建立公共播放平台，将游离于各个学生社团、校园自媒体的优秀原创教育视频汇聚起来，吸引校园拍客、播客和创客一族。通过"四位一体"的多通道融合工作模式，全面占领了媒体网络阵地，基本实现了教育信息的全覆盖，在抵消商业网站网络信息操控的同时，逐步赢得网络虚拟空间的话语权。

在内容设计上，相关部门要守好网络意识形态阵地，加强对师生的网络舆论教育、引导和管理，及时做好网上舆情处置和引导，确保网络环境"风清气正"，确保宣传内容不出偏差，始终在正确思想指导下开展舆论宣传。同时，相关部门要坚持宣传内容的可读性，可通过对当前国家时政要点、社会焦点、校园文化等教育事件、价值观念进行梳理和提炼，对同一事件和内容下的连环图片、标题图形和简要文本，采用位势整合、要点提示、流程图和视频剪辑等视觉整合设计编辑手段，将目标思想、主流价值观和精神内涵等融入其中，制作成贴近学生生活的"一图看懂"、微电影、微广告、微新闻等，并通过多种教育信息传播通道在各终端投放。学生既可通过电视、LED等终端收看，也可通过个人手机和电脑随时随地参与互动。这些以零星生动形式出现却暗含主线贯穿的教育信息，使宣传教育延伸到学生学习、生活的各个角落，替代了传统长篇大论式理论灌输和说教的教育模式，符合当前大学生学习阅读习惯。

三、运用虚拟现实技术推动"三全育人"形象化

现有的传统教学范式个性化不足，无法实现差异化教学，难以调动学生的学习积极性，这样的教学模式难以完成立德树人根本任务。信息技术的快速发展，使得课堂教学向线上转移成为可能。以信息技术与现代教育技术为载体，以优质教学资源的开放与共享为目标的虚拟教学方式成为新的"时尚"，在高校立德树人根本任务落实中应用越来越广泛，发挥的作用日益明显。

第一，创新教学理念。教师的教学行为取决于教学理念。教师在进行

相关教学实践时，要注重教学理念的创新，增强自身的信息意识。信息技术所衍生出的虚拟教学与传统教学不同，虚拟教学中教师离开了三尺讲台，学生离开了校园教室，走进了虚拟世界这一更为广阔的舞台，颠覆了原有的课堂教学方式，是一次全新的突破与转变。虚拟教学更加突出以学生为中心的教学理念，主张通过运用各种信息科技手段，实现教育场景、教育主客体、教育方式、教育内容等全方位、立体式的全面革新。

第二，创新教学方法。虚拟教学在颠覆传统教育理念的同时，在教学方法上也实现了转变。虚拟教学与传统教学方法不同，其通过融入先进的虚拟现实技术、体感交互技术、信息传感技术、图形系统工具、图像信息处理、人工智能技术等，实现课程教学的多媒体化、多信息化以及无纸化，让学生完全沉浸式体验，颠覆性地实现课程教学由"教师为中心"向"学生为中心"转变。当前，AR（增强现实技术）和 VR（虚拟现实技术）正成为现代教育信息化领域的前沿明星技术。在虚拟教学中，教师通过搭建 VR 互动体验课堂、VR 交互实训课堂、AR 学堂等具有高沉浸性、高体验感的新型实践课堂教学平台，为学生带来直观、形象、生动的感官体验，使思政育人课程真正做到了有虚有实、有理有据、理论与实践相结合，切实提高了学生学习的积极性、主动性，有效提升了学习效果。

第三，创新教学评价。在虚拟教学的过程中，充分利用主观与客观、过程性与总结性、人工与智能结合等综合评价方式，以大数据为支撑，建立针对教师教学效果及学生学习效果评估的考核评价模型，并通过大数据技术将相关数据信息融入模型中，建立精准评估系统。根据教与学精准实施结果的评价反馈，不断优化、更新和调整符合大学生学业发展水平的教育教学"产品"和"服务"，提升高校虚拟教学精准供给的水平和质量，形成虚拟教学"闭环"，不断优化高校虚拟教学课程建设方案与教学模式，从而更好地提高教学质量，提升育人效果。

总之，运用"互联网＋"思维推进"三全育人"，将"互联网＋"大数据、新媒体、虚拟现实技术与传统"三全育人"工作优势有机融合，使"三全育人"工作实现由平面向立体、由静止向动态、由单一向多维的转变，使"全员"真正"全"起来，使"全过程"真正"动"起来，使"全方位"真正"转"起来，不断增强时代感和吸引力。

第三章 "互联网+"背景下大学生思想政治教育与人才培养模式

第一节 "互联网+"时代大学生思想政治教育的范式转换

大学生思政教育在新时代下的话语权逐渐减弱，究其原因，主要是学生更喜欢通过"互联网+"平台和媒介学习思政内容，因此，对传统学校思政工作和内容不能产生共鸣。加上思政教育同其他学科存在很多交叉之处，所以其学科话语权不可避免地会被政治学、社会学、哲学等其他学科影响。思政教育在发展中，可以提高学生的学习能力。因此，"互联网+"时代下，思政教育更需要合理转换和借鉴其他学科的话语权，并及时完善思政教育模式，通过育人方式多元化等方法，争取占领大学生思政教育话语权阵地，避免学生被错误的价值观、人生观误导。

一、"互联网＋"时代大学生思想政治教育的范式转换特征

（一）时效性

大学生思政教育范式主要是指新时期的一种思政教育规范或模式，其是思政教育工作者在认识和把握思政教育规律的基础上形成的，有利于推动思政教育成熟化发展。在时代发展中，思政教育的任何一种教育范式都应该结合时代发展特征。"互联网＋"时代的到来，使大学生思政教育范式发生改变，形成了基于时代发展的时效性特征。在互联网飞速发展的过程中，其互联网技术、资源给学生的学习和生活提供丰富的"知识宝库"，随着知识更新速度的加快，学生思政教育范式也在不断发生变革。在教育范式转换中，思政教育可以运用符合学生内在发展要求及时代发展需求的方法培育学生，达到思政教育旧范式有效创新和改革的目的，亦是当前推动思政教育现代化发展的必然方式。"互联网＋"时代，其信息更新具有及时性、多元性等特点，思政教育在发展中应该结合"互联网＋"时代的及时性、多元性发展特点，推进思政教育方式转换，为学生提供更加现代化的教育环境。

（二）丰富性

近年来，互联网时代下的学生交往、消费发生改变，逐渐向着多元化趋势发展，加上网络信息具有快捷性等特点，令学生在学校学习和生活

期间更加重视个性、自由。传统范式的思政教育内容已不能满足学生的学习需求，亟须思政教育吸收和接纳有时代价值的教育内容、资源，并做好思政教育模式改革等工作。当前，丰富性是大学生思政教育方式转换的特征，思政教育应该结合学生的价值观念、目标、学习需求进行教学工作的转变，以此培养学生在"互联网 +"时代下的学习能力。现代大学生在学习中更喜欢通过丰富的网络资源了解信息内容，从而使思政传统教学课堂面临很大的挑战。因此，为了应对"互联网 +"时代的发展挑战，学校需要结合思政教育的特点，落实针对思政教育内容创新的相关工作，让教育符合"互联网 +"时代的发展趋势。

（三）交互性

在信息技术日新月异的发展中，新媒体技术、平台技术迅速崛起。学生处在"万物皆媒"的互联网时代，其学习和思想观念会发生转变。与旧媒体相比，新媒体具有及时性、广泛性、海量性等特征，很多运用价值和优势都远超旧媒体。在新媒体平台的使用中，学生是网络主体力量之一，网络化的学习可以使学生掌握更多的学习方式和途径。当前大学生思政教育范式的转换具有交互性特点，不仅学生的学习方式、途径发生了改变，思政教育的教学方法也发生转变。比如，思政工作者可以在"互联网 +"时代下，利用新媒体这种交互性的育人优势和特点，提高学生网络化学习水平。而且思政教育可以在"互联网 +"新媒体平台做好舆论监督、管理等工作，为学校学生思想意识培育奠定网络基础。同时，针对网络中思想错误的学生，思政教育工作者也会通过新媒体平台与学生之间进行沟通，监督学生及时纠正错误思想和不良行为，使其形成正确的价值观。思政教育的交互性发展，可以为传统思政课堂教学提供更大的发展空间，教育工作者可以利用微信、微博等媒介优势，宣传思政教育最新理论、党建工作内容等，使学生及时掌握需要学习的知识和内容，提高思政教育在育人中的针对性，使教育内容渗透到网络平台的多个方面，最大限度地发挥网络平台对思政教育的作用，推动学生全面发展与进步。

二、"互联网+"时代大学生思想政治教育的范式转换困境

（一）话语内容引导方面

就目前思政教育范式转换工作而言，思政教育依然存在话语内容引导方面的困境。思政教育在转换为其他学科话语时，出现对其他学科话语乱用、滥用的现象，进而使得思政教育内容缺少权威性。而且"互联网+"时代下，思政教育话语内容未能通过网络教学功能实现引领。在网络化的育人工作中，缺乏思政教育自身独特的网络话语体系，导致学生思政教育效果不理想。如何突破思政教育方式转换在话语内容引导方面的困境，成为目前思政教育需要思考的问题，解决此类问题，有助于做好学生话语内容引导、教育等工作。

（二）话语表达形式方面

传统大学生思政教育的话语表达方式以课程教材为主，教材设置以多维概念、体系、原理框架为主，强调理论灌输，忽略了理论指导实践的重要性。同时，在教育工作开展中，只是空洞乏味地讲解理论知识，进而使这种话语难以提升学生的学习积极性，缺乏吸引力和感染力。思政课教师在教学中，通常运用理论性的学术话语讲解知识，或者只讲解教材上的内容，未能将学科话语转换成教学话语，从而造成教学效果不理想，这也会降低思政课教育的实效性。因此，"互联网+"时代下，如何改变传统思政教育的话语表达方式，成为目前改革和发展需要探究的问题。传统思政教育话语形式单一，缺乏创新性。比如，在思政课教学中，许多话语内容未能及时反映最新的现实，导致思政教育知识落后于社会现实。即使学校已经优化和完善了思政理论课教学方法，但是因为课本教材的修订、印刷需要时间，所以在教学期间又存在教学内容无法做到实时更新等情况。目前需要思政教师结合"互联网+"形式，推动话语表达方式的改革。由于部分思政教育教师对"互联网+"认识不足，导致教师利用互联网技术提高教学效率的能力不足。

（三）话语传播形态方面

大数据时代下，思政教育应该有着严肃的语境、规范的话语，从而才能合理地培养与引导学生。然而，当前大学生思政教育在范式转换与发展中存在话语传播形态方面的问题。思政教师忽略了对话语传播形态的创新，未能结合网络多元化、信息化教学特征，丰富思政育人载体，并且未能在思政教育教学创新中突破传统教学的模式，提高课堂教学效率。他们对网络平台、网络资源等话语传播载体应用缺乏认知，从而使思政教育还是以课堂讲授为主。尽管部分学校在思政教育中运用网络育人的形式，但是由于网络话语具有多样性、娱乐性等特征，所以也对课堂教学带来了一些影响。

三、"互联网+"时代大学生思想政治教育范式的转换策略

（一）转换思政教育的认知

当今的互联网技术正在飞速、多元发展，大学生思政教育需要在理性摒弃传统教育旧范式的基础上，结合其教育现实要求，从思政教育的认知角度进行教育范式的转换，让教育思想更加开放，提升学生的学习主体性，并运用丰富的情感化教学方式、态度，提升思政教育的育人效果。通过正确的思想教育认知，提升"互联网+"时代的教育水平。首先，教师需要在认知层面积极转变传统的授课模式，让理论教学向丰富学生学习内容的范式转换。当代大学生在"互联网+"时代下对思政学习有了新的认知。同时，为了落实立德树人根本任务，教师应该满足学生全面发展的需求，实现全程育人的教育目标，从而形成高等教育事业良好发展

的局面，提高育人质量。其次，教师可以结合"互联网＋"时代特征落实思政教育工作，通过网络化的思政形式了解学生的内心世界。思政教育的最终价值不是向学生传递知识，而是激发学生对思政学习的兴趣，调动学生的学习积极性。最后，思政教育的最终目的是引导学生找到适合自己的发展路径，成为全面发展的人才。教师应该与学生构建良好的关系，让学生主动参与到建构网络化思政教育体系中，听取学生对思政网络教育的意见，从而使学生能够积极主动地参与到思政教育活动中。

（二）优化课程教学内容

大学生思政教育的发展过程中，其教育范式的转换需要体现在课程教学层面上，由传统教师主导的形式向双向互动的范式转换。一方面，互联网时代下，思政课程教学应该具有动态性特征，改变传统单一授课的教学范式。而且传统教学范式的弊端在互联网时代下日益凸显，同时，学生的学习需求增多。为培育学生良好的思想政治素养，思政教育应该结合课程教学结构、课堂教学权利等实际要求进行课堂教学的转换。一方面，思政教师可以运用柔性的课程结构，在课程结构设计与安排中关注学生的全面发展，运用网络化、个性化的柔性课程结构，培养学生的思政意识。在课程设计中，教师可以将显性课程教学与隐性课程教学结合起来，通过线下课堂教学为学生讲授理论知识，运用网络化的隐性思政教育知识，弥补传统课程思政教育内容的不足，让显性和隐性教学更好地为学生的未来发展服务。另一方面，在课堂教学权利的转换与发展过程中,学校要改变教师以往的授课形式,使学生成为课堂上真正的主角。"互联网＋"时代下,教师要充分发挥自身的引领作用,重新构建师生角色。通过网络教学模式了解学生兴趣所在,提高学生参与学习的主动性,进而提升课堂教学效率。

(三)不断优化教学方法

大学生思政教育需要不断优化教学方法、教学内容,帮助学生实现全面发展。教师可以运用互联网技术,加强教学方式的范式转换。比如:教师可以改变传统只注重知识传递的教学状态,通过网络教学等方式关注学生的个性发展,充分调动学生的学习积极性。在创新教学方法的过程中,思政教学的载体必须改变过去单一化的教学模式,运用多元渠道不断优化教学方法,丰富教学内容。比如,教师可以结合手机、网络、QQ、微信等新媒体,不断优化教学载体,并且可以拓展和挖掘网络丰富的教学资源。此外,教师还要重视实践教学,不断提高学生的实践能力。

目前,在促进思政教育范式转换与发展的过程中,教师应该结合多样化的教学手段,发挥"互联网＋"技术的作用,使思政课堂能够在新时代下取得较好的育人成效,为学生实现全面发展提供助力。

第二节 "互联网＋"背景下大学生思想政治教育中的师生互动

新时代高校的思想政治教育要做到"因时而进，因事而新"，将互联网技术与大学生思想政治教育相融合，提高学生的思想水平。大学生的思想政治教育主体互动模式用通俗易懂的语言来讲，是指以大学生为主体，以参与的各种网络平台为基础，将学生与"互联网＋"平台之间的联系和互动作为比较稳定的交流方式，而进行的一种思想政治教育方式。

一、"互联网＋"背景下大学生思想政治教育师生互动的原则

大学生与大学思想政治教师之间首先要做到互相尊重对方，以相互平等的方式参与到大学的思想政治教育实践中，大学生思想政治教育主要以学生为主体进行师生互动。互动主要作为大学生与教师之间建立的一种稳定的联系方式，这是教师对学生践行教学方式和教学手段的要求之一。首先，教师要加强师生之间的交流，在教学过程中，以学生为主体，帮助学生找到适合自己的学习方法，进而提高学习效率。教师可以通过对话、交流、组织活动、上课提问等方式来发挥自身的引领、示范作用。

在大学思想政治的教育教学活动中，将课堂知识与生活相结合，不仅能够让学生在生活中形成对教育内容的正确认知，且能让学生正确地理

解课本上的内容，还能够激发学生的学习兴趣，增强学生的学习动力，进而提高学生的学习效率。

二、"互联网＋"背景下大学生思想政治教育面临的挑战

1.信息过载与真实性问题：互联网上的信息爆炸性增长使得学生接触到更多的信息，但也容易受到虚假信息、谣言和极端观点的影响。思政教育需要帮助学生辨别信息的真实性和可信度。

2.学生思维习惯的改变：互联网时代，学生更习惯于碎片化的信息获取，他们可能更善于快速阅读和浏览信息，但思政教育需要更深入、系统性的思考。这可能导致思政教育的内容和方法需要调整，以适应学生的思维模式。

3.挑战传统的教育方式：传统的思政教育模式通常依赖于课堂教学，但互联网使得在线学习和自主学习成为可能。这需要思政教育部门重新思考如何调动学生的学习积极性，使他们对思政教育更有兴趣。

4.思政教育资源的整合："互联网＋"思政教育也意味着要整合各种资源，包括在线教育平台、社交媒体、数字图书馆等。如何有效整合这些资源，以提供更多元、丰富的教育内容，是一个挑战。

5.个性化教育的需求：学生的学习兴趣和发展需求各不相同，互联网＋思政教育需要更注重个性化教育，为学生提供更符合他们兴趣和学科需

求的内容。

6.监管和安全问题：在互联网上，思政教育需要注意保护学生的隐私和数据安全，以及防止不良信息的传播。这需要建立严格的监管和安全措施。

因此，互联网＋思政教育为提供更广泛、多样化的教育机会带来了机遇，但也需要应对信息管理、教育模式创新、资源整合和安全等多方面的挑战。思政教育部门需要不断调整教育策略和方法，以满足新时代学生的学习需求。

三、"互联网＋"背景下大学生思想政治教育师生互动的特征

在互联网＋背景下，师生之间的互动方式和模式发生了许多变化，以更好地适应现代教育的需求。以下是一些师生如何互动的方式：

在线教学平台：教育机构可以利用在线教学平台，如 Zoom、Microsoft Teams 等，进行实时视频教学。师生可以在虚拟环境中进行面对面的互动，包括教师授课、学生提问和讨论等。

互动式教学工具：教师可以使用互动式教学工具，如在线投票、在线测验等，促进学生积极参与，提高课堂互动性。

在线讨论论坛：教育机构可以创建在线论坛或社交媒体群组，以促进学生之间的讨论和互动。学生可以在这些平台上分享观点、提问问题，

以及互相学习。

虚拟实验室：针对科学、工程和医学等领域，虚拟实验室可以模拟实际实验环境，使学生能够进行实验和互动，而不必亲临现场。

在线办公室时间：教师可以设定在线办公室时间，供学生提问、寻求帮助和讨论课堂教学内容。这提供了一种面对面的互动机会。

个性化学习平台：教育机构可以根据学生的学习兴趣和学习需求，利用互联网技术为每个学生创建个性化的学习方法。这有助于学生实现个性化发展。

移动应用程序：移动应用程序可以为师生提供一种便捷的互动方式。教师可以通过应用程序发布课程内容，学生可以在手机或平板电脑上学习，并与教师互动。

在互联网＋背景下，师生互动的方式更加多样化和灵活，但也需要教育机构和教育者积极应对新技术和教育模式的挑战，以确保教学质量和学生参与度。师生互动的成功取决于教育者的教学策略、学生的积极性和使用的技术工具的质量。

四、"互联网＋"背景下大学生思想政治教育师生互动影响分析

在互联网＋背景下，虽然有许多新机遇和方式来促进师生互动，但也存在一些难点和挑战，包括：

1.技术障碍：不是所有的学生和教师都熟悉互联网和相关技术工具。技术障碍可能妨碍他们参与在线教育和互动。因此，培训和支持计划可能是必要的。

2.网络连接问题：不是每个学生都有可靠的互联网连接，这可能导致断开和不稳定的在线学习经验。这会影响互动的质量。

3.缺乏面对面互动：互联网+教育可能会减少学生和教师之间的面对面互动，这种互动对于建立关系、提供实时反馈和理解学生需求非常重要。虚拟互动难以完全替代这种亲近感。

4.学生分散的注意力：互联网+学习环境中，学生往往容易分散注意力，受到社交媒体、在线娱乐等干扰。这可能降低他们对教学内容的专注度和互动质量。

5.课堂管理挑战：在虚拟课堂中，教师需要更好地管理学生，确保课堂秩序，以允许有效的互动和学习。这可能需要新的技能和工具。

6.隐私和安全问题：在线互动中，学生和教师的个人信息和数据可能会受到威胁，因此，需要相关部门不断完善安全措施，并加强隐私保护。

7.评估和反馈：在线环境中的互动可能使评估学生的学术表现和提供反馈变得更加复杂。教师需要设计有效的评估方法，并提供及时反馈。

解决这些难点需要综合考虑教育技术的使用、教学策略的调整、学生支持服务的提供以及合适的政策和规定。教育者和教育机构需要不断适应和改进他们的方法，以充分利用互联网+背景下的师生互动潜力。

第三节 "互联网＋"下顶岗实习大学生思想政治教育开展途径

"互联网＋"模式下，一些高校借助多媒体教学技术开展教学活动，教师可以利用互联网资源为学生提供更好的学习资源，进而提升课堂教学效率。在学生实习的过程中，很多学校忽视了"互联网＋"模式对思政教育所产生的影响，仍然采用传统的填鸭式的教学模式，致使大学生的学习积极性不高。大学时期，顶岗实习是十分关键的内容，在开展顶岗实习的过程中，在确保完成任务的同时，学校要对学生进行思想政治教育，提高大学生的思想觉悟。总之，教师要从互联网＋模式下的顶岗实习大学生思想政治教育的必要性出发，对教育工作的途径进行重点优化。

一、"互联网＋"模式下顶岗实习大学生思想政治教育的必要性分析

在互联网＋模式的背景下，教师要对学生开展思想政治教育，这会让学生在顶岗实习的过程中，形成正确的世界观和价值观，形成较强的社会责任感，展现出较高的政治素养。学生也会随之拥有良好的职业素养。学生在接受教育的情况下，就业竞争能力和就业适应能力也随之得到了提升。学生能够更好地完成顶岗实习任务，也会展现出较强的社会适应能力。最终，学生能够实现全面发展。

顶岗实习大学生从原来的校园生活过渡到社会生活，这是今后步入社会生活的一个重要前提。在这个时期，开展思想政治教育工作成为学校教育工作中的关键。同时，教师要将企业文化和校园文化进行融合，使学生在参与顶岗实习时，树立远大的理想，形成坚定的信念。学生要拥有正确的职业价值观，进而提高自身的职业素养。总之，互联网＋模式下，对大学生进行思想政治教育，提高学生的综合素养十分关键。

二、"互联网＋"模式下顶岗实习大学生思想政治教育开展途径

（一）引导学生正确进行自我管理

"互联网＋"模式下，企业和学校都要发挥重要的作用，对大学生进行正确的引导，让学生进行自我管理，提高学生的工作积极性。顶岗实习工作开始以后，学生要认真学习企业的规章制度，根据生产任务制定个人的发展规划。教师要鼓励学生努力工作，不断提高自身的专业技能。

（二）充分发挥企业文化的隐形教育作用

企业文化是指组织内部的价值观、信仰、行为准则以及工作方式的总和。它可以在不经意之间发挥重要的隐形教育作用，帮助员工形成积极的职业态度，培养专业技能，以及提高工作效率。

企业文化中的价值观和道德标准可以成为员工的行为准则。通过传达诚实、责任、尊重等价值观，企业可以隐含地教育员工如何在工作中表

现出这些品质。

企业文化中强调团队协作和合作的重要性，可以教育员工如何有效地与同事合作，共同实现团队目标。企业文化可以鼓励学生创新思维和培养学生独立解决问题的能力。员工在这样的文化中能够学习如何提出新的想法，解决问题，以及不断改进工作方法。

企业文化的隐形教育作用是通过模范行为、组织价值观的传达以及日常工作经验的塑造来实现的。为了成功发挥这种作用，企业领导和管理层需要积极倡导和践行所期望的文化价值观，并将其融入组织的方方面面，从招聘和培训到绩效评估和激励机制。通过建立积极的企业文化，企业可以教育员工并塑造他们的职业素养。

（三）对思想政治教育教学资源进行多元化整合

对思政教学资源进行整合是为了更有效地开展思想政治教育，提高教育质量和效果。

教师要明确教育的核心目标，确保教育资源与这些目标一致。确定所需的思政教育内容，包括政治理论、价值观念、公民责任等方面。教师要进行资源调查和收集，收集所有可用的思政教育资源，包括教材、课程大纲、多媒体资料、专家资源、教育工作者等，还可以包括实际案例、历史事件、当前政治热点等。

此外，教师还要进行资源评估：包括内容质量、适用性、学习效果等。确定哪些资源最适合满足教育目标。教师要制订整合计划，明确资源的使用方式，例如整合到课程中、开展研讨会、制作教育材料等。教师要确定整合资源的时间表和责任人。教师要进行跨学科整合，将思政教育资源整合到不同学科和领域的课程中，以加深学生对思政教育的理解和认识。这可以通过与各学科的教育者合作来实现。教师要利用多媒体技术工具，如在线课程平台、教育应用程序、视频和互动课程，要定期评估整合后的思政教育资源的效果，根据反馈进行调整和更新，保持资源的新鲜度。教师还要与其他学校、机构和社区建立合作关系，共享思政教育资源和经验，促进资源整合，利用社交媒体和在线讨论平台，鼓励学生在思政教育话题上进行互动和讨论。

整合思政教学资源需要精心策划和组织，确保资源的有效使用，以提升思想政治教育效果。这种资源整合有助于培养学生的政治觉悟、社会责任感和综合素养。

（四）完善校企合作双师教学制度

校企合作双师教学制度是一种教育模式，旨在整合学校和企业资源，提供更实际、实用的教育体验。因此，学校要明确合作目标和方向，学校和企业需要明确他们的合作目标，确定合作的方向，确保双方的期望一致。学校和企业要建立合作框架，制定正式的合作协议，明确合作的范围、责任、权益、资源共享等细节，确保合作框架符合相关法规和政策。

此外，学校还应该进行资源整合，整合学校和企业的教育资源，包括师资力量、实践基地、设施等，进而为学生提供更丰富的教育体验。学校要制订课程计划，科学地规划课程，确保内容与行业需求和趋势相匹配，教师要引入实际案例，不断提高学生的实践能力。

学校要给予学生实践的机会，为学生提供实际参与企业项目的机会，让他们在真实场景中应用所学的知识，实现校企互利。

企业要设立导师制度，由企业专业人员担任学生的导师，指导学生进行职业规划。导师可以提供职业建议、行业洞见和实践经验。学校和企业要进行评估和反馈，定期评估教学质量，包括学生满意度、就业率和学术表现。学校根据评估结果进行改进，不断优化教学模式。

通过上述方法，学校和企业可以完善校企合作双师教学制度，提高教育的实际价值，帮助学生更好地融入职场，同时为企业培养有潜力的人才。

综上所述，"互联网＋"模式背景下，对顶岗实习大学生开展思想政治教育，要从当前的形势出发，构建和谐校园环境，为学生健康成长服务。所以，在开展顶岗实习大学生思想政治教育工作时，学校要贯彻落实生本教育思想，关注教书育人的理念和作用。顶岗实习之中，要让学校和企业之间进行密切结合，引导学生进行自我管理，不断提高自身的职业素养。同时，企业要不断丰富企业文化的内容，保证大学生在良好的企业文化的熏陶下，朝着正确的方向发展。

第四节 "互联网＋"时代大学生思想政治教育工作机制

2016年12月，习近平总书记在全国高校思想政治工作会议上指出："做好高校思想政治工作，要运用新媒体新技术使工作活起来，推动思想政治工作传统优势同信息技术高度融合，增强时代感和吸引力。"这为推动高校思想政治教育工作创新发展指明了前进方向。

当前，世界处于百年未有之大变局，互联网技术的迅速发展，促使高校思想政治教育处于机遇和挑战并存的新局面，如何运用互联网思维，利用网络信息平台探索大学生思想政治教育工作新思路、新方法、新模式，把握机遇、迎接挑战、创新机制，成为必须予以高度重视并进行深入研究的理论与实践课题。

一、"互联网＋"时代大学生思想政治教育工作面临的机遇

"互联网＋"时代高校教育发生着巨大的变化，大数据、云计算等技术为丰富大学生思想政治教育中的教学资源、提高教学途径的延展性、增强教育实效性和针对性注入了新的活力，增添了新的生机。

（一）丰富大学生思想政治教育资源

从思想政治教育资源的内容来看，"互联网＋"时代海量、新鲜、充

足的教学资源很好地解决了传统思想政治教育教学内容单一、陈旧的问题。首先，随着互联网平台教育资源的逐步开放，思想政治教育者可以利用互联网及时获取思政教学资源，捕捉思政教育热点问题，及时更新教学内容，提升教师的专业水平；受教育者则可以通过互联网检索功能查阅和搜集更多的参考资料。其次，互联网打破了时空和场域的限制，实现跨国家、跨地区、跨组织、跨领域的思想政治教育之间的教育资源互通，从而实现了思想政治教育资源的共享。从思想政治教育内容的表现形式来说，教学内容融合了文字、声音、图像、视频等介质，使原本比较枯燥乏味的文字内容变得"活"了起来，让教学内容更加形象化、直观化，有利于提高受教育者对思想政治理论内容的关注度。

（二）拓宽大学生思想政治教育途径

"互联网+"带来的高校思想政治教育变革让教学过程不再只是局限于在教室讲课、举办讲座、召开会议等面对面的传统灌输式教育方式，思想政治教育者可以脱离空间和时间的限制，依托互联网全天候、全方位开展思想政治教育工作。高校思想政治教育工作者可以借助多个网络平台线上线下同时授课，如慕课、微课、网易公开课、央视网中国公开课、学堂在线等，通过多种渠道开展思想政治教育。同时，教师可以通过微信、微博、论坛等多种社交平台搭建互动交流学习社区，组织在线答疑、自由辩论、在线辅导等活动对学生实施思想政治教育。这不仅开阔了受教育者的眼界，而且提高了其自主学习能力。

（三）利用多种渠道提升思想政治教育的实效性和针对性

在互联网时代，思政工作面临着许多机遇，这些机遇可以帮助思政工作更好地适应现代社会的需求和发展趋势。

1.广泛传播渠道：互联网提供了丰富多样的传播渠道，包括社交媒体、在线教育平台、数字出版等，可以让思政工作的内容和信息实现更广泛的传播。这有助于将党的政策和理念传达给更多的人群，特别是年轻一代。

2.个性化定制：互联网技术可以根据个体的兴趣、需求和背景提供定制化的思政教育内容。个性化的学习体验可以更好地吸引学生的兴趣，提高学生的学习积极性。

3.在线教育：互联网技术使得在线教育成为可能。思政工作可以通过在线课程、网络研讨会等形式，扩大覆盖面，不仅在校内进行思政教育，还能辐射到更广泛的受众，包括职业人士和社会公众。

4.数据分析和评估：互联网时代可以利用数据分析来了解受众的需求和反馈。通过收集和分析数据，思政工作可以更好地调整和改进工作内容和方式。

5.多媒体形式：互联网时代支持多种多样的媒体形式，包括视频、音频、图像和文字。思政工作可以更具吸引力地利用这些形式来传达信息和教育内容。

6.创新实践：互联网时代鼓励创新和实验。思政工作可以积极探索新的教育方式和工作方法，以适应不断变化的社会和技术环境。

总之，互联网时代为思政工作提供了更多的机会，通过充分利用现代技术和传播方式，教师可以提高教学效率，并更好地满足学生的学习需求。但同时，也需要注意信息安全、虚假信息传播等问题，以确保思政工作的质量和可信度。

二、"互联网 +"时代大学生思想政治教育工作面临的挑战

在互联网时代，虽然有许多机遇，思政工作也面临着一些挑战。

首先是信息过载与真假难辨的问题。互联网上信息的爆炸性增长和真假难辨的问题，使得受众更难以分辨信息的真实性和可信度。这可能导致错误的观念传播，挑战思政工作的准确性和权威性。其次是碎片化阅读和知识贫乏。在社交媒体和短视频等平台，人们更倾向于碎片化的阅读和观看，而非深入的知识学习。这可能降低了学生的深度思考和全面理解能力，影响思政工作的深度和广度。

再次是沟通失衡的问题。虽然互联网提供了广泛的交流和互动平台，但过度依赖在线交流也可能导致真正的沟通失衡。缺乏面对面的交流可能影响教师与学生之间的情感联系和思想交流。

此外，还有个性化与碎片化教育的问题。尽管个性化教育是互联网时代的一大优势，但有时也可能导致碎片化教育，忽视了系统性和整体性。网络安全与虚假信息的问题。互联网存在安全隐患，包括个人信息泄露、

网络攻击和虚假信息传播等问题。这可能对思政工作的可信度和安全性构成挑战。文化冲击和多元化价值观的问题。互联网的全球性使得各种文化和价值观交汇，这可能挑战传统的思政工作内容和方式，需要更好地适应多元化价值观。技术发展速度与知识更新的问题。互联网技术的快速发展，使得知识更新速度加快，思政工作需要与时俱进，不断更新内容和方法。

最后，还有参与度和维持长期关注难度的问题。在互联网时代，人们的注意力容易分散，参与度可能下降。思政工作需要不断创新，以保持学生和受众的长期关注和参与。因此，互联网时代为思政工作带来了机遇的同时，也带来了一系列的挑战。解决这些挑战需要思政工作者不断创新，更好地适应新的技术和社会环境，以更有效地开展思政工作。

三、"互联网 +"时代大学生思想政治教育工作创新机制

（一）变革教育理念

互联网技术的迅猛发展，对各行各业都产生了深刻影响，思想政治教育也不例外。互联网是一把双刃剑，在丰富了思想政治教育内容、拓宽了思想政治教育途径、增强了思想政治教育针对性和实效性的同时，鱼龙混杂的海量信息也在一定程度上影响着大学生价值观的形成。如何把关思想政治教育内容，在满足学生的个性化学习需求的同时，实现个人

与国家的有机统一，是思想政治教育工作者必须思考的课题。当前的大学生已是"00"后，个性突出，表达意愿强烈，能够快速接收信息。思想政治教育工作者应主动而为，树立"终身学习"的理念，顺应"互联网＋"发展趋势，树立"互联网＋思政"的教育理念，加强学习，不断提升自身的媒介素养。同时，教师可以借助互联网平台，深入了解大学生在思想、学习、生活、工作等方面的真实想法、真实需求，结合当前大学生的心理特点，贴近学生的实际需求，借助音频、视频、图片、动漫、表情包等手段，设计、开发思想政治教育内容，营造生动、活泼的学习氛围，在寓教于乐中吸引学生注意力，增强学生的学习兴趣，开展社会主义核心价值观教育，增强学生的时代认同感，弘扬社会主旋律。

（二）创新教育模式

"互联网＋"时代传统的思想政治教育模式受到挑战，制约着思想政治教育的发展。思想政治教育工作是一项系统工程，不能仅仅局限于课堂内，而应走出课堂、走到线上。"互联网＋"时代，思想政治教育工作者应树立平等、开放的互联网思维，构建"互联网思维教育模式"，搭建互联网教育平台，开发思想政治教育网络课程，实现思想政治教育内容的网络化。具体而言，国家、高校应从资金、技术、人才等方面提供支持，搭建网络公开课、慕课等教学信息化网络平台，以"微视频""微课"等形式呈现教学内容，突破课堂局限，营造平等、自由的交流空间。思想政治教育工作者要善于打造典型，发挥榜样示范作用，同时利用新型媒体，如微博、微信、QQ、抖音等，利用碎片化的时间，与学生积极开展互动，培养学生自主学习、主动探究问题的能力，实现思想政治教育内容的精准传播，提升教学效果。此外，可以借助虚拟现实（VR）、增强现实（AR）等新型技术，让学生完全"融"入学习情境，丰富学生的学习体验，运用大数据技术分析学习数据，从而有针对性地开展教学活动，增加教学内容的针对性，让思政教育"活"起来。

（三）利用互联网技术提升思政课堂教学效率的途径

利用互联网创新思政教育工作机制需要综合考虑以下几个方面的方法和策略：

1. 开发教育应用平台。学校可以建立在线学习平台，开发教育应用软件，提供多样化的内容和资源，以支持思政教育。这些平台可以提供课程、视频、文章、互动讨论等多种形式的内容，以满足不同学习风格和需求。

2. 采用互动教学方式。学校可以运用在线直播、讨论论坛、社交媒体等工具，鼓励学生积极参与讨论和互动。这种互动教学方式可以提高学生的参与度和学习效果，同时促进思政工作的深度。学校可以为学生提供移动端学习软件，例如开发学习 App 或者网页版，让学生可以随时随地获取学习资源，方便高效地进行学习。学校可以进行内容个性化定制。基于学生的学习兴趣、学习水平，学校可以提供个性化的学习内容和建议。利用数据分析和人工智能技术，定制个性化的课程内容，以提高学生的学习兴趣和积极性。

3.借助社交媒体传播思政教育。学校可以利用社交媒体平台（如微博、微信、知乎等），发布有影响力的思政内容，吸引年轻群体的关注，引导他们参与讨论和思考。学校可以利用网络技术辅助评估，借助在线测验和评估工具，对学生的学习情况和思政素养进行跟踪和评估。这些工具可以帮助教师更好地了解学生的需求，制订更有效的教学计划。

4.教师专业发展和资源共享。学校可以为教师提供专业发展的在线课程和资源，以帮助教师掌握最新的教学方法和知识。同时，建立资源共享平台，让教师分享经验和教学资源。学校还要强化网络安全和信息可信度，加强网络安全意识教育，防范网络安全风险和信息泄露问题。教育学生识别虚假信息，培养辨别信息真伪的能力。

第四章　"互联网+"背景下大学生党员教育与人才培养模式

第一节　"互联网+"时代大学生党员教育的关键点

在当前"互联网+"时代背景下，学校应该联系实际，结合学生的特点以及党建工作要求，高校学生党员管理以及教育教学应不断创新途径和方法，使学生党员能够始终紧跟时代发展的步伐，培养和提高学生的道德素养。因此，在"互联网+"下高校学生思想政治教育教学的过程中，应建立和谐的校园文化环境，加强党的执政能力建设，以促进大学生党员教育事业的发展。

一、"互联网+"背景下高校学生党员教育影响问题分析

随着互联网技术的飞速发展，数据信息的传播模式也发生了改变，社会思想呈现出多元化特点。互联网在高校党员教育方面产生了广泛而深刻

的影响，学习途径更加便捷。互联网为高校党员提供了更便捷的学习途径。学生党员可以通过在线课程、教育平台和网络资源来获取党内教育内容，无须受时间和地点的限制，能够更加灵活地安排学习时间。学生党员可以利用多样化的学习资源，提高自身的综合素养。互联网为高校党员提供了丰富多样的学习资源，包括文字、视频、音频、在线讨论等多种形式。这样的多元资源有助于满足不同学员的学习需求和学习风格。

互联网技术也为高校学生党员提供了更多的互动学习与交流的机会。互联网技术使得在线互动学习成为可能。高校学生党员可以通过在线讨论、社交媒体平台、虚拟会议等方式积极参与学习和交流，分享经验、互相启发，促进思想碰撞和知识共享。互联网技术还可以为学生党员提供个性化的学习方案，借助互联网技术，党员教育可以实现个性化和定制化。根据党员的学习兴趣、职务需要和发展方向，相关党务工作者可以为他们提供符合其需求的教育内容和学习计划。

互联网为高校学生党员提供了获取和传播信息的平台，学生党员可以及时了解党的政策、时政新闻等信息，也可以通过互联网分享自己的学习心得。

利用互联网技术，学生党员可以更好地了解自身的学习情况，通过对党内活动参与情况的数据分析和评估，不断督促自己向学优生学习。这也有助于党务工作者更科学地了解党员的发展状况，制定更有针对性的党员教育计划。

互联网的发展推动了高校学生党员教育方式的创新和变革。高校可以借助互联网技术开展在线培训、虚拟党组织建设、数字化党员档案管理等工作，以提升党员教育的质量。然而，互联网的发展也带来了一些挑战，包括信息安全问题、虚假信息传播、网络分级管理等。因此，高校需要采取相应的措施来保障党员教育的质量和安全。同时，互联网教育也需要与传统的教育方式相结合，形成更为综合和有效的党员教育体系。

二、新时期高校学生党员教育策略

基于以上对学生党员教育教学过程中的互联网影响分析，笔者认为新形势下若想提高学生党员教育水平，应从以下几个方面着手：

（一）凸显学生党建阵地作用，搭建"互联网+"党建平台

信息时代背景下，学校应注重"互联网+"的重要作用，将其作为党建工作的重要阵地，实现党建工作的全覆盖，同时这也是全面推动我国高校学生党建工作的有利抓手。基于此，学校要在实践中全面考虑广大学生党员的学习需求，积极采用有效的技术手段，比如微博、微信等平台，加强"互联网+"背景下的党建阵地建设，积极打造立体的党建阵地。同时学校还应基于"互联网+"技术，积极打造党建平台，使学生党员的学习、交流和管理都能够在手机上完成。学校应基于网络媒介积极打造学生党员交流平台，以文字、视频以及音频和漫画等线上课堂为依托，及时跟踪学习进度，科学合理地统计学时，并激励学生党员主动学习。

同时，学校要加强信息共享体系建设，积极打造线上交流通道，使高校、学生以及党组织能够相互交流，全面提升学生党群之间的紧密度。同时，学校还应当不断提升服务功能，进一步丰富教学内容。基于互联网技术和平台的应用，学校可以实现党费的线上缴纳、签到以及教育培养，并及时跟踪其过程，从而实现"移动"党建以及全面监督管理。

（二）增强党员教育的针对性，加强全过程监督管理

在新媒体时代背景下，高校学生党员教育教学首先应及时转变教育教学理念和方式方法，全面提高教师的教育理论水平，并基于新媒体特征打造符合党员实际情况的教育内容。实践中为了有效激发高校学生党员的学习兴趣和学习热情，学校应设立针对性较强的教学内容，以实现教育目的。当前网络资源非常丰富，而且大学生党员能够采用多种方法和手段获取资讯，比如利用微信公众号、QQ群和其他社交工具与平台，基于网络应用的便捷性以及交互性，有效实现学生党员教育全覆盖。在信息时代背景下，教师可以利用多种新型的社交工具和媒介，及时与高校学生党员干部进行思想交流，并在此基础上发现和解决问题，以确保大学生党员教育工作的顺利开展。

同时，学校还应当不断加强学生党建内容规划建设，以促进对高校学生党员教育工作的全过程监管。在当前时代背景下，教师既可以通过讨论组等方式定期或者不定期地开展各种形式的主题活动，对高校学生党员教育主题展开深入的讨论，同时也可基于互联网平台开展多种形式的

主题讲座活动。通过互动活动，能够促使学生党员接受党性教育，有利于及时准确地掌握学生党员的情况和思想动态，以便对他们进行正面积极的引导。

（三）创新大学生党员教育模式

传统模式下的党员教育教学，无论是形式还是内容都相对比较单一。随着"互联网＋"时代的到来，大学生党员教育迎来了新的局面，教育内容变得更加丰富，形式也呈现出多样化的特点，大大增强了其吸引力。

"互联网＋"背景下，线上与线下的党组织生活应并行，这有利于解决党员集中教育教学的困境。对毕业班的学生党员而言，因实习等需占用很多的时间，所以通常难以正常参加高校党组织开展的各种活动。对此，党务工作者可以开辟互联网平台，组织开展多种形式的党组织生活，从而为学生党员的党组织生活提供条件。

"互联网＋"背景下的党校学习是培训党员的有效途径，在高校党员教育中发挥着重要的作用。实践中我们应当保持与时俱进，既要采取切实可行的传统教育模式和方法，又要充分利用现代信息技术手段，建立网上党组织阵营。基于互联网平台，可以将党章党规、党的知识和最新的政策法规等传达给学生党员，从而促进学生党员自主学习。同时，还应不断创新高校党员教育方式，利用图片以及视频等资源，有效丰富学生党员的教育形式和教育内容，调动他们的学习积极主动性。

党务工作者要基于互联网平台，创新和改进党日活动内容及其形式，进而有效提高主题党日活动实效。一是支部在开展主题党日活动的过程中，通过网络平台开展问卷调查，广泛征求学生党员的意见，然后确定主题党日活动的具体方案，从而使主题党日活动更贴近现实。在结束主题党日活动以后，党务工作者应当加强网络宣传，尤其是学生党员应注意转发和评论，以传递正能量。二是利用互联网平台，有效拓展主题党日活动内容及其形式。比如在网上开展党史竞赛活动以及微党课堂等，运用现代新媒体技术手段积极开展各种类型的主题党日活动，从而使党员干部更积极主动。

第二节 "互联网+"环境下大学生党员思想教育模型

新媒体的发展深刻影响着大学生的学习方式。大学生习惯于利用手机等新媒体设备浏览消息、发布内容，新媒体承载的信息已经成为大学生学习资源的重要来源。大学生热衷于利用新媒体阅读新闻资讯、理论文章，了解时政热点，学习党的理论知识。大学生还可以利用新媒体转载、评论他人的帖子、交流学习心得、讨论时事等。

一、"互联网 +"背景下的大学生党员思想教育

（一）"互联网 +"背景下大学生党员思想教育的特点

1. 教育主体客体平等

传统的大学生党员思想教育一般遵循"教师主导——学生主体"的模式，教师将教育内容传递给学生，学生扮演的是被动接收的角色。在"互联网 +"背景下，强调学生的主体地位，教师的主导地位。也就是说，"互联网 +"背景下，学生不再是被动接受教育，而是在搜集信息的过程中，通过教师的辅助引导，主动获取知识，建构知识，教师和学生能够平等地进行交流，一起讨论知识要点。

2. 教育内容丰富

"互联网 +"环境下，教育内容极大丰富，一条新闻、一张图片、一段视频，甚至一条信息的跟帖、评论都可以成为教育内容。同时，教育内容也在不断更。得益于互联网络强大的存储、传输、交互功能，在教育过程中，教育客体发表的观点、看法，可以即时存储传输，作为新的学习内容，教育内容在整个教育过程中呈动态螺旋式上升发展。教育载体可以是电脑终端、手机等，网络将这些设备连接在一起，形成虚拟的教育空间。

3. 教育过程形式多样

传统的大学生党员教育多以学文件、开展活动等形式开展。这种形式

往往是一个或几个教育者面对一群受教育者。互联网环境极大地丰富了交互的形式，教育者与教育对象、教育对象与教育对象在"互联网＋"背景下能够实现即时有效地互动。教育对象的思想困惑可以及时地从教育者或其他教育对象那里得到解答。

（二）"互联网＋"背景下大学生党员思想教育面临的挑战

1.教育环境复杂

互联网环境下，信息内容庞杂，各种信息鱼龙混杂、泥沙俱下，信息质量存在极大的差异。大学生群体心智发育未完全成熟，不能完全辨别信息的真伪，易受不良思想的影响，甚至落入某些居心叵测分子的圈套。因此，大学生党员面对着十分负责的环境，给教育者带来一定的挑战，教育者需要挑选充满正能量的内容，引导大学生党员接受正能量的思想熏陶。

2.大学生的个性化的学习需求

当前，随着新媒体技术的不断发展，大学生党员获取的信息越来越多，每个人获取的知识也千差万别，这使得大学生党员对信息的需求各不相同。教育者需要根据学生不同的发展需求设计个性化的教育内容，满足大学生党员的个性化教育需求。教育者应通过分析教育对象发布在新媒体上的内容，准确把握学生的思想动态及感兴趣的内容，设计符合教育对象需求的教育内容。

3.教育效果评价的多元化

在互联网背景下,大学生思想教育效果评价更加多元,效果评价贯穿整个教育过程。教育活动实施前,教师对学生的整体思想素质及学习需求作出评价,有针对性设计教育内容。在实施课堂教学的过程中,教师可以对学生的参与度、反馈内容等进行实时评价,以便及时调整教学进度和教学内容。教育活动后,教师可以根据学生的反馈意见对教学活动进行评价。"互联网"+背景下,教师要随时根据学生的反馈作出评价,采取多种评价方式,调整教育内容和教育进度,以达到最佳的教育效果。

二、"互联网+大学生党员思想教育"模型构建

(一)理论基础

1. 系统理论

系统是指由多个要素相互作用而形成的有机整体。相互作用是系统存在的内在依据,系统的相互作用有线性和非线性两种,非线性作用是构成系统特性的基础。系统的最主要特性是整体性,系统具有各要素或各要素之和所没有的性质,即整体大于或小于各要素之和,而不是与之相等。

系统理论的动态性原则是另一重要原则,动态性认为一切实际系统由于其内外部复杂联系的相互作用,总是处于无序与有序、平衡与非平衡的相互转化的运动变化之中,任何系统都要经历一个系统的发生、系统的维系、系统的消亡的演化过程。也就是说,系统在本质上是一个动态的过程,系统结构不过是动态过程的外部表现。而任一系统作为过程又

构成更大过程的一个环节、一个阶段。

2. 建构主义学习理论

建构主义认为，知识不是通过教师传授得到的，而是学习者在一定的情境即社会文化背景下，借助其他人（包括教师和学习伙伴）的帮助，利用必要的学习资料，通过意义建构的方式而获得的。由于学习是在一定的情境即社会文化背景下，借助其他人的帮助即通过人际间的协作活动而实现的意义建构过程，因此建构主义学习理论认为"情境""协作""会话"和"意义建构"是学习环境中的四大要素。

（二）模型建构的基本原则

1. 模型的整体性

在"互联网＋"背景下，大学生党员思想教育过程形成一个整体，教育活动前、活动过程中、效果反馈中各个要素有机结合在一起。教育内容的选取、教育活动的开展、教学过程中的交互、教育效果反馈等要素通过网络连接在一起，借助微博、微信、QQ等新媒体工具实现教育活动的顺利开展。教育要素的连接符合一定的规律性，新媒体工具也具有自身的特点。教师应充分发挥各种新媒体平台的优势，把握要素结合的内在规律，使教育活动的整个过程形成一个有机的整体。系统要素通过线性关系形成网状结构，模型的整体性要求模型达到的效果大于各个要素的作用之和，而不是各要素的简单糅合。

2.模型的动态发展性

模型的动态发展性包含两层内容，其一是教育内容的动态发展性，其二是教育过程的动态发展性。在"互联网＋"背景下下，教育内容并不是一成不变的。在教育过程中，教育对象所发表的观点、看法、感悟，以及教育对象、教育者之间的交互内容都可作为新的教育内容。教育内容的更新发展贯穿于整个教育过程中，教育内容呈现螺旋式上升发展。教育过程也并不是完全按照事先设定的进行，教育者需要根据教育对象的反馈，及时调整教育活动，以最大化地满足教育对象的个性化需求，进而提升教学效果。

3.创设有效的学习情境性

建构主义学习理论认为，教育效果的实现，关键在于创设有效的情境，教育情境是否有效直接关系到教育活动的成败。首先，有效的教育情境能激发教育对象的学习积极性。在教育主题的选取上，教育者要充分考虑教育对象的特点，选取教育对象感兴趣的主题。其次，有效的教育情境应当具有通畅的会话机制，模型中各个要素之间具有良好的沟通渠道。教育活动中，教育者、教育对象之间的交互是重要组成部分，也是新的教育内容调整的基础，模型应保证交互通道的通畅。再次，教育情境的创设要考虑社会大环境。大学生党员思想政治教育的目的在于引导其自觉树立党员意识，自觉抵制不良思想的侵蚀，形成正确的人生观、世界观、价值观，自觉践行党员标准。

（三）"互联网＋大学生党员思想教育"模型

在"互联网＋"视域下，以手机、平板电脑等设备为载体，以微博、微信、QQ等社会化网络软件为平台的大学生党员思想教育系统。

"互联网＋大学生党员思想教育"模型是一个各要素线性关联形成的封闭网状系统。系统以互联网为基础环境，以平板、手机、电脑、终端为载体，以微博、微信、QQ、论坛等社会性软件为平台，形成一个中心、四个基本模块。一个中心是大学生思想教育信息资源库，四个基本模块是思想教育主题选择、思想教育活动开展、学生学习效果反馈、学生学习效果评价。四个模块之间形成封闭环形，从主题选取开始，到学习效果评价结束，随后又进入下一个主题的教育。四个基本模块与教育资源信息库分别形成双向关联，每一个模块都可通过中心相互关联。

思想教育主题选取通过发布、收集与教育信息资源库形成双向关联。思想教育主题选取过程实际上是从教育信息资源库中收集、汇总、分析信息的过程。教师通过收集信息资源库中符合主题的教育信息内容，根据学生的学习兴趣，选择学生最为关注的内容，并加以分析和组织。学生关注的内容通过学生点赞、评论、转载量进行分辨，一般来说，点赞、评论、转载越多，表明该内容越受学生的关注。教师选取内容后，经过精心组织予以发布，作为新的教育资源的一部分。

思想教育活动开展通过呈现、存储与教育信息资源库形成双向关联。思想教育活动开展过程是教师通过教育信息资源库呈现教育内容的过程，根据内容种类、特征选择，视频、音频、图片等不同格式的内容应选择不同的平台，这是由平台的不同特性决定的。选择适合的平台，能够取得更好的教学效果。在开展活动的过程中，师生之间的交互形成大量新的内容，这些动态生成的信息通过存储进入教育信息资源库。

学生学习结果反馈通过评论跟帖、发帖转载与教育信息资源库形成双向关联。学生学习过程中发生的点赞、评论、转载行为是学生的反馈。学生学习某一内容后，对内容表达赞同或反对会用"点赞""不赞同"等网络行为来表达，阐述自己的观点看法，对值得进一步学习或希望他人一起学习的内容进行转载。通过学生的反馈，教师可以掌握学习的效果。

学生学习效果评价通过点评、反思与教育信息资源库形成双向关联。教师在教育信息资源库中查看到学生的评论、发帖信息后，点评学生的学习行为，形成对学生学习的评价；学生看到教师的点评信息后，及时进行反思。

"互联网＋大学生党员思想教育"模型重在创设良好的教育情境，引导大学生党员在教育过程中进行积极的交互。交互过程动态生成的信息为后续教育的开展提供新的教育内容，也为教育过程调整提供了依据，从而达到了最佳的教育效果。

模型将思想教育活动整个过程作为一个有机的整体，具有良好的整体性、情境性及交互性，能够为党建工作者借助新媒体开展大学生党员思想教育提供借鉴作用。本模型是一般的理论模型，实际教育活动的环境更加复杂多变，模型的实际效用有待在实践中验证和完善。

第三节 "互联网＋"视域下大学生党员教育培训工作

在互联网 3.0 时代，移动互联网已经融入高等教育的各个环节，深刻影响着大学生的价值观念和行为养成，是当前青年学生人际交往、学习交流的重要途径之一。第 47 次《中国互联网络发展状况统计报告》数据显示，截至 2020 年 12 月，我国网民规模达 9.89 亿；在网民职业结构中，学生占比为 21%，比重最高；我国在线教育用户规模达 3.42 亿，占网民整体的 34.6%。因此，如何有效发挥高校学生党员"网络原住民"的用网优势，搭乘在线教育快速发展的利好东风，依托互联网，把大学生党员教育培训工作做实、做新、做好，已成为当前高校基层党务工作面临的重大课题。

一、"互联网＋"视域下大学生党员教育培训工作面临的机遇

作为国家层面的战略手段，"互联网＋"战略不仅构成了我国社会经济创新驱动发展的重要力量，更为我国教育体制的变革带来新的契机。"互联网＋教育"具有传统大学生党员教育培训课堂无法比拟的优势，将互

联网元素创新性地与大学生党员教育培训工作相融合，能够满足新时代学生党员对教育的新需求，构建新的党员教育培训生态。

（一）"互联网+"有助于建设学习型党支部

《2019-2023年全国党员教育培训工作规划》中指出，要"切实提高党员教育培训工作质量，推进马克思主义学习型政党建设"。学习型党支部的建设不仅需要党员教育空间的开放性和教育资源的多元性，更需要能够全方位、立体化地对教育培训成果进行再实践和创新。构建学习型党支部，需要依托学习型个体方能建成，"互联网+"不仅能够促进学习型个体的发展，同时赋予学习型个体自主学习的能力，其提供的是开放的资源、途径，更是一种发散性的思维模式，改变了原先党校开课，入党积极分子、党员按课表上课的封闭模式，有助于学习型党支部的自我进化。

（二）"互联网+"有助于教育培训工作常态化

传统的党员教育培训多通过课堂、书籍、学生活动等方式开展，受场地、人员、时间等因素影响较大。"互联网+"的即时、移动、开放等特点能够克服传统教育培训模式的缺陷，健全教育培训体系，推动集中培训逐步走向常态。教育者可依托"学习强国"、易班、微博、微信等载体，采用当前高校学生喜闻乐见的网络流行语，以短视频、网络直播、图片等为载体创新性制作微型党课。党员可充分利用碎片时间，化整为零、随时随地开展党的政治理论知识学习，养成经常学、乐意学的意识，将阶段化的学习常态化。

（三）"互联网+"有助于增强培训教育针对性

对大学生党员来说，互联网具有资源丰富、可自主选择的特点，这区别于传统课堂教学内容相对固定化的模式，党员可根据自己的兴趣爱好、关注重点来选择学习的内容，同时也可根据自身短板来查漏补缺。与此同时，依托大数据分析，互联网教育培训平台能够根据使用者的关注点、留言评论等进行大数据分析，实行个性化推送，也可将必学内容重点推送，提高教育培训的针对性。

二、"互联网+"视域下大学生党员教育培训工作面临的挑战

在复杂的社会环境和网络环境下，大学生党员的教育培训工作面临着诸多挑战，深刻影响教育主体、教育客体和教育实施过程的诸多环节，对青年学生党员理想信念、党性修养、宗旨意识的培养造成了一定的困难与挑战。

（一）党员教育监督难度加大

互联网在多元、开放的同时也具有虚拟性、隐匿性，人们可以在网络上自由地进行信息发布、思想交流，导致鱼龙混杂的思想观念充斥其中，网络诈骗、网络暴力、道德失范的行为时有发生，加大了引导大学生党

员明辨是非的工作量和难度。社会上批判、浮躁和功利等负面情绪通过互联网新媒体向高校扩散，网络成了某些学生党员随意宣泄不良情绪、宣扬不正确观念、发表不正当言论的温床。党员对自我身份认识出现虚化倾向，这是无法用党规、党纪约束党员行为的网络真空，给党员的教育监督工作带来极大难度。

（二）教育培训实效性难以把控

传统党员教育培训的一大优势在于其可以实现教育者和党员面对面的交流，有利于表达教育情感、散发教育魅力，从而吸引党员摒除杂念真听真感受。互联网视域下的教育者和党员之间可能隔着屏幕、手机，甚至是不同时空，这使得教育者无法实时掌握党员的行为。同时，自我约束力较差的党员可能走走过场，"刷时长""刷分"的行为并不鲜见，这使得培训教育的实效性大打折扣。互联网教育的便利性使得更多的高校党校采取线上培训的方式开展教育，大学生培训教育的实践环节逐渐缩水，座谈式的交流学习、实景式的参观学习、实践学习等培训方式变少，学生的参与热情不高，教育效能随之降低。

三、"互联网+"视域下大学生党员教育培训工作策略

（一）建立党员需求导向的教育培训机制

需求导向，就是锁定需求，党中央对高校教育培训学生党员的要求通

过学习相关文件可以明确锁定，而党员对受教育培训的需求往往是党务工作者忽略的一个重要领域。利用互联网可实现精准摸清党员的需求，满足党员的个性化需求。可通过线上问卷调查、选择关注的领域、课程评论、互动交流等方式了解党员对教育培训的需求。党务工作者利用数据统计的手段进行全面分析，剖析大学生党员的关注点及受教育的期望值等，科学划定重点，按需拟定教育与培训的方向。在调研党员需求的同时，要注意关注党员的心理动态和安全感知，让其在轻松状态下做出真实的选择，如此方能科学锁定党员的需求，真正做到答其问、分其忧、解其困。唯有在摸清需求的基础上，灵活而不失原则地因人而异、因材施教、因地制宜，才能让党员教育培训工作打破"填鸭式"的无效输入。

（二）推动教育资源"供给侧"改革

在摸清需求后，就要有针对性地吸纳新的教育资源，形成多元丰富的资源库。结合大学生不同学科的专业特点，针对不同年级、不同专业的入党积极分子、发展对象、预备党员和正式党员，按照不同的阶段设置学习内容和学习场景，让学生根据自己的发展需求、兴趣爱好主动学习，构建层层递进的教育培训体系；引入讲师团队，不局限于党内干部，可以是专业老师、优秀党员、校外专家、企业骨干等，也不局限于线下资源，可引入具有相关知识的网络达人、微博大V等线上师资力量，拓宽党员受教渠道和知识面；创新教育培训载体，可利用PPT、短视频、动画等方式表达内容，精心策划、精心制作，通过微型党课、直播党课等学生喜闻乐见的形式发布党课实现提质增效。

（三）加强教育培训工作制度化建设

《2019-2023年全国党员教育培训工作规划》中要求，"预备党员在预备期内和转正后1年内一般要各参加1次由上级党组织组织的集中培训""落实学时制度，党员每年参加集中培训和集体学习时间一般不少于32学时"，当前大部分高校关注学生党员转正前的集中培训和教育，对党员转正以后的教育培训安排较少，且对党员每年参加集中培训和集体学习缺乏制度化的管理和监督。加强教育培训工作的制度化建设，一是利用互联网建立党员教育培训档案，建立健全学时制度，对学生党员的教育培训记录进行联网建档，详细分类记录，避免重复教育、形式化学习；二是建立党员发展考核制度，在吸收预备党员和预备党员转正之前，严格对党员接受的教育培训进行成果答辩考核，客观评判学了没有、学了多少、成长了多少，避免只看绩点和综合测评分的定性化考核方式；三是严格执行党内"三会一课"、谈心谈话、组织生活会等制度，用制度约束教育培训的常态化实施，强化党员教育培训的成果。

（四）夯实网络阵地

做好大学生党员教育培训工作，要主动占领并有力管理网络阵地，弘扬主旋律，传播正能量，以主流的意识形态引领文化思潮。要充分利用好学校、学院、学生组织、班级等四个层次现有的QQ、微信公众号、抖音、快手等网络平台，积极发布符合社会主义核心价值观、弘扬主旋律、传播正能量和学生易于接受的文字、视频、图片等信息，成为主导高校主流网络平台的意见领袖，在不当言论、不当行为前敢于批驳、敢于亮剑。同时，扶持建设大学生网络文化工作室，打造直播间、示范岗、党建公众号等网络精品，使正确的世界观、人生观、价值观入脑入心，潜移默化地影响学生党员的价值观念和行为养成，让党员主动成为正能量的传播者、主流意识形态的朋辈教育者。

（五）促进学生党员发挥作用

培养社会主义合格建设者和接班人是大学生党员教育培训的终极目标，单纯的理论灌输，没有经历实践的考验、没有充分发挥党员先锋模范作用的教育培训无异于纸上谈兵。首先，教育培训工作要重视传授理论知识，更要重视培训党员的实践能力，以问题为导向，解决基层党建工作中存在的问题，以发布任务、小组包干、建立党员先锋队的方式交付给入党积极分子、预备党员和正式党员去解决，由此打造依托党支部、任务式接单的实践能力培训模式，让学生党员广泛参与到基层党组织的工作中，进一步激发党员主动学习、主动发挥作用的热情和自觉性。其次，党支部要进一步发挥战斗堡垒作用，主动对标新时代高校党建示范创建和质量创优工作的任务指南，扎实做到教育党员有力、管理党员有力、监督党员有力、组织师生有力、宣传师生有力、凝聚师生有力、服务师生有力，在夯实党支部主体建设的基础上，教育引导学生党员在组织、宣传、凝聚、服务师生上发挥作用。最后，党支部可以开辟教育培训第二课堂，通过与企业、中小学、公益机构、青年志愿者协会合作，搭建大学生党员实践能力培训基地，锻炼党员业务能力、专业能力、志愿服务能力，以此增强教育培训的针对性和实效性，培养党员全心全意为人民服务的宗旨意识和践行初心使命的能力。

第四节　推进"互联网+"党建新模式，加强大学生党员的培养教育

现在是"互联网+"时代，强调高科技密集型社会发展模式与先进的互联网理念。它要求人们的思想要与时俱进、锐意创新，将所有可能与互联网相互融合，形成新的想法与行为，实现对社会发展的向前推力。将"互联网+"理念融入高校党建工作中是一种全新尝试，即"互联网+党建"模式，该模式就是希望通过大量丰富的互联网信息咨询来活跃大学生党员思维，让他们能够开阔视野，打开思路，成为一名合格的、具有先进思想理念的社会主义接班人。

一、关于"互联网+"

（一）什么是"互联网+"

"互联网+"的本质是互联网信息技术，它包括了移动互联网、大数

据与云计算等最为先进的新信息技术内容。

（二）"互联网+"时代的到来与高校党建工作的关系

基于"互联网+"时代背景下的高校网络党建工作在促进大学生党员提升热情、积极性方面功不可没，因为它所围绕的载体平台恰好是大学生生活中必不可少的网络。这同时也是在鼓励高校应该全面开展"互联网+"信息教育工作，将"互联网+"与高校党建工作深度融合在一起。

1. "互联网+"为高校党建工作提供了新平台

随着时代的进步，党建工作已经融入了中国社会的每个角落，实现了真正的与时俱进。在高校校园中，以"互联网+"理念为主的党政思想建设工作以互联网为知识传播载体，使信息传播呈现出了实时、多样、海量与互动等显著特征。是互联网的率先普及才使得高校党建模式得以建立，在大学生党员之间传播开来。如今，以党建工作为基础的互联网文献、知识检索、知识宣传等活动已经在校园"互联网+"体系中全面铺开，形成了"互联网+N"的多元化党建新模式，实现了"润物细无声"的高校党政培养教育效果。

2. "互联网+"为高校党建工作中的各个角色建立了联系

在高校党建新模式中，各个角色之间的关系因为"互联网+"理念的存在而被逐渐拉近。这就证明了密切联系确实是我党党建工作的优良传统，这一点在结合了"互联网+"思想后更体现得淋漓尽致。随着高校内大学生党员数量的不断增加和党组织生活会的规模不断壮大，生生之间与师生之间的关系被拉近。作为新媒介，互联网鼓励超越空间与时间的相互沟通与联系，在互联网世界中，教师与学生能平等轻松地相互交流，素不相识的大学校友也能通过网络建立沟通的桥梁。再者，作为大学生党员还能将自己的诉求与呼声通过互联网传递给组织与学校领导，这就大大深化和密切了他们与校园内党建体系的相互联系，是互联网缩小了大学校园，让彼此之间通过同一个网络而相互认识。

（三）"互联网+"时代背景下高校大学生党员培养教育工作实施的优势

首先，在高校校园中开展"互联网+党建"这一新模式本身就是对党建工作阵地的拓展与延伸。如今我国互联网用户总人数已经超过6亿，这其中以大学生群体为主，所以在校园开展基于"互联网+"理念的党建新模式，第一是迎合时代发展现状，第二也潜移默化地提高了大学生党员及非党员群体的学习积极性，让他们在生活中耳濡目染，为建设正确的大学生思想价值意识形态营造良好的氛围，也为党政教育宣传开辟了新的阵地。

其次，将党建教育工作搬上网络为高校提供了新的宣传、管理与教育载体，有利于体现科学理论指导思想的先进优势，也有利于教育思想内容的快速传播，增加高校党政教育的吸引力，体现平台民主优势。因为党政教育可以随网络平台被发展到高校服务的各个层面上，将身处不同地方的大学生通过网络聚集起来，形成群体交流环境。所以在"互联网+"

理念下，党建工作的效率与水平都得以强化，它简化了党建工作及党政教育在日常的工作流程，也为我党在校园中树立了先进、优良的新形象。

二、"互联网＋"支持下高校大学生党员党建新模式构建的具体思路

目前，我国高校的主体任务是培养德智体美劳全面发展的综合全能型人才，具有高思想觉悟的社会主义事业建设接班人。此时将"互联网＋"理念引入高校大学生网络，并围绕它来建立党建工作体系，拓展教育范围是非常重要的。这也是高校党组织履行工作职责、开展各项工作的新基础、新规则。

（一）以"互联网＋"科学发展观为指导导向

科学发展观能指导人们正确看待社会发展，正确观察、思考和解决问题，同时开创实践原则。党的十七大报告中就曾经指出："科学发展观，首要内涵就是要发展，其核心一定是人，以人为本的发展才是全面协调且可持续的。"在这一理论基础支持下，首先要赋予高校大学生网络党建工作以基本原则，将它作为"互联网＋党建"新模式的重要组成部分，然后再基于网络新技术载体来开展与实施党建体系中的各项工作，诸如思想建设、组织建设、党风建设等等。大学生党建工作一定要注重工作原则性，为大学生党员的党性修养铺垫理论实践基础，真正强化党建工作体系中的先锋模范作用。同时也要做好团队组织的带头作用，扩大"互

联网＋党建"模式在高校校园中的影响力。

（二）以稳中求突破为建设重点

在高校构建"互联网＋党建"新模式就必须坚持"稳中求突破、坚持工作重点"这一原则，只有铭记并坚守这一原则，网络党建工作才能与传统党建工作达到一样的思想传播目的，甚至比传统模式更加具有时代朝气。

（三）以现实与虚拟相结合为工作方法

高校"互联网＋党建"新模式也要做到现实与虚拟相结合，其内涵就在于将网络中的虚拟环境与现实环境相互延伸，实现二者之间的有机联系，确立辩证统一思想，并依据这一工作原则来开展工作。从时间与空间角度讲，"互联网＋党建"模式是不受环境制约的，它可以无限延伸到任何地点，使交流沟通方式更加多样化、更加自由。但同时也要注意如果长期利用虚拟网络环境开展教育工作，大学生党员之间的情感交流会变得弱化。所以高校在开展"互联网＋党建"新模式教育交流工作时，应该做到现实与虚拟环境、线上与线下活动相互结合统一，通过网络结识彼此，通过线下沟通来增进感情。这一方面强化了网络党建教育的多功能属性，另一方面也借助网络虚拟环境这一平台载体让更多有共同意识与信仰的大学生党员走到一起，完成了诸多传统党建工作中无法完成的任务。因此党建新模式的思路就是让"互联网＋"理念与传统党建工作二者融合发展，发挥各自优势，取长补短，让大学生党员培养教育体系全面化发展。

三、基于"互联网+"背景下大学生网络党建模式具体策略

（一）改善高校网络党建的工作制度

完善高校网络党建工作制度是目前党建工作的一项重要任务，它同时也是最为复杂的高校系统性工程。高校应该结合网络党建工作体系要求来强化领导制度与实施制度的建设，实现它们之间的相互支持与补充，形成密不可分的有机整体。本节认为完善的重点应该放在对组织领导机制的健全上。

校党委应该成为"互联网+党建"模式下党建领导体系的重要核心。在制定党建工作决策与规划的过程中，相关部门应该在明确传统党建工作宗旨的基础之上，将"互联网+"理念融合进来，为高校党建教育工作构建综合性主体，自上而下、由点及面地构建完整的高校党建网络体系。在这期间，高校应该基于网络技术原则，强化决策与规划，从而体现党建工作的全局性、前瞻性与导向性，明确高校网络党建工作目标，严格执行民主集中制度，遵循科学决策的原则，使网络党建工作中的各项指标都能够符合网络技术发展客观规律。所以基于以上原则，"互联网+"环境下的党建工作就要注重对知识信息的传播，创办诸如"党课指导""党

员论坛""强国论坛"这样的"互联网＋高校党员实际学习内容"栏目，在促进思想交流、强化信念的基础上，优化高校党建工作。

（二）创新党建网站平台内容

大学生青年一代渴望新鲜事物，所以高校"互联网＋党建"工作一定要做到不断创新，增强党建网站的平台内容创新意识。高校网络党建工作应该将眼光放长远、结合理论基础与实际情况来思考创新模式。本节认为，网络党校就是一种创新模式，它将高校党政课程搬到网络上，利用互联网载体来实现党课教育、党政思想传播，这就促成了"互联网＋党校教育"新模式。为此，高校大学生党员组织可以围绕这一理念来建设网上论坛、网上课堂，定时定期更新论坛内容并开展远程教育课程，聘请校内的党支部书记、校外的先进人士通过网络来开设各种讲座课程，开阔校内大学生党员的视野，丰富和武装他们的头脑。

最后，"互联网＋党建"模式也可以将网络内容延伸到高校大学生党员的实际生活中，例如在网站中构建"红色网站栏目"，展示"勤工俭学""热点追踪""就业实习""我的论坛"等分支内容，通过这些栏目来为学生提供助学实践信息，也为学生提供社会热点供他们交流，关注他们的学习生活、社会生活与未来就业活动，为大学生党员开设有关生活、学习、就业等大学生所关注的"在线指导"板块，给予大学生党员全方位的教育辅导，履行党建工作的职责，体现党建工作对大学生的关怀。

（三）打造"微博＋高校党建工作"新模式

微博与"互联网＋"思想一样是网络信息时代的新事物，而且微博也是社会人群关注的热点，所以高校应该抓住这一传媒平台，将其融入高校党建工作中，体现"互联网＋党建"新模式的优越性。具体来说，高校可以借助微博来建立微博党建与网站党建平台，二者可以统称为"微博网络党建平台"。在这其中，微博党建可以对校园内的党建工作形式、工作内容进行一系列的创新，将党建网站中的精彩互动内容以一句话的形式摘录到微博平台上，利用微博强大的吸引力来推广高校党建工作，发挥网络主流意识形态来促进党建教育。

高校可以利用微博的简短碎片特征来传播党建工作咨询，更方便大学生党员阅读。但同时也要注意，有些党建方面的知识内容也不是140个字能够准确完整传递的，所以高校应该将微博平台与党建红色网站联动起来，实现"微博短新闻＋红色网站栏目"的新模式，以微博标题式新闻来吸引学生注意，然后给出红色网站专栏链接来引导学生浏览网站，了解更多的党政信息，扩大知识内容传播范围。让大学生党员养成定期关注党建微博与党建网站的习惯，将网络党建在高校校园中的影响力最大化。

推进"互联网＋"先进理念，建设党建新模式应该成为当前我国高校的首要任务，紧紧围绕大学生的思维理念与行为意识开展生动多样、与时代发展相契合的党政教育工作，使大学生能够更好地树立共产主义思想理念，将我党形象深入人心，为培养未来社会主义接班人奠定先进的教育基础。

第五节　90后大学生党员教育新渠道

"90后"大学生泛指1990年到1999年出生的大学生人群。在他们身上有一些典型的性格特点：个性张扬，追求自由，好奇心强，自信并且敏感，接受新事物能力强。在社会主义市场经济高速发展，特别是互联网技术迅速发展的今天，"90后"大学生要在新的时代背景下接受各类信息。与此同时，他们在经济社会背景、互联网等影响下在价值观、意识形态等方面都表现出了多元化的特点。高等院校是一个为国家培养接班人和党的后备力量的主要基地。2005年中共中央国务院出台的《中共中央组织部、中共教育部党组、共青团中央关于加强和改进在大学生中发展党员工作和大学生党支部建设的意见》中明确指出了各高校党支部要认真落实大学生党员教育工作，要求各高校要与时俱进，审时度势地针对"90后"大学生党员的基本情况、存在的问题等进行教育和管理。

微博是现代互联网技术飞速发展的产物，是当今时代人际交流的重要工具。微博的出现让网络与现实之间有了一个更集中的展示平台。虽然其在国内发展的时间不长，但在青年人群中传播的速度非常快，呈现井喷式增长。微博与其他通信软件不同，微博呈现的是即时随性的分享，是反映一种状态。据调查，在众多微博使用人群中，"90后"大学生占据了绝大部分。互联网在"90后"学生中的普及率为100%。一篇名为《90后大学生数字化生活研究报告》的文件中统计，有65.8%的90后大学生拥有微博，这个数字还在不断攀升。微博已经成为最流行的通信工具之一，也已经成为大学生每天都会登录的App软件。自主、便利、互动、即时性等特点在快速地影响着"90后"大学生的生活、学习方式，也同样影响了大学生的人生观、世界观和价值观。因此，如何有效地利用微博这一平台，从形式、内容、方法、手段等方面深入地开展高校党建"创先争优"活动，是摆在各高校党务工作者面前的难题，也使得高校学生党建工作面临着前所未有的挑战。

一、微博对"90后"大学生生活、学习的影响

（一）微博操作简单，传播速度快

微博只需要短短的140个字就可以随时随地记录下自己某一瞬间的心情、状态。也可以与其他人一同分享和收藏信息，传播图片和视频。同样，微博也很开放和便捷，大学生只要通过手机就可以发布微博信息。网络是大学生主要的信息渠道，手机拥有率也将近90%以上。新浪微博的标题口号是"随时随地分享新鲜事儿"。这就满足了当代大学生的一个心理特点，他们总是希望随时随地把自己身边发生的新鲜事告诉每个朋友，

每个认识的人。例如在某高校学生党支部微博中，在2012年3月的三天内，一共发布了300多条有关"两会"的微博，在高校大学生中得到1000多次转发，这样高校学生党支部微博也自然而然地成了一个高校学生党员的"通讯社"。

（二）微博资讯更新速度快，信息内容丰富

课堂中所获得的知识已无法满足"90后"大学生的求知欲。微博的即时性与高效性大大降低了大学生在知识获取方面的时间成本。大学生是一个敏感的群体，他们迫切希望听到不同的声音，看到不同的文化，了解不同的思想。身边许多大学生反映，除了平时与朋友之间的交流之外，就是用微博关注一些前辈，如李开复、史玉柱等。在微博世界里有机会向他们提出疑问，获取资讯。在生活学习中遇到困难，总喜欢看看他们的微博，听他们讲一些自己的心得和人生体会。另外，有许多考研的同学，都关注了新航道、新东方等一些名师外教和考研培训机构的微博，使得复习更有针对性。

二、微博对"90后"大学生党员的教育作用

以往的高校党建工作无论从内容上、形式上、方法上都受到时间和空间的限制。微博的出现是党组织与大学生党员之间沟通的桥梁，为党员的党性教育、工作管理都提供了新的方法。

（一）微博是高校学生党支部党理论知识学习和党员组织生活的重要渠道

传统的高校学生党员党理论知识学习和组织生活模式都受到时空的限制，教学方式也相对单一。主要形式为召集学生党员约定同一时间、地点，对相同的主题内容进行教育。建立高校学生党支部微博可以灵活变动常规党组织生活模式，避开时间与空间的限制，可以解决部分学生党员因课程较多难以集中的问题。在内容上也可以以大学生感兴趣的方式来进行，缓解因传统内容枯燥而引起的缺席的情况。同时，党务工作者也可以借助电脑或者手机，将党的理论知识材料通过发微博的方式，与入党积极分子、学生党员及时交流，使得原本相对滞后的教育内容变得更有针对性、趣味性。

（二）微博是高校党支部在日常党建工作中发布信息的可靠手段

众所周知，每日更新的党建信息是高校党建工作的灵魂。随着近年来高校扩招，大学生人数成倍增加，使得高校在分配大学生住宿方面比较分散。这就使得学生党员对于校内的党务公告栏内的信息不能及时了解。这也给高校学生党建工作的顺利开展造成了一定的阻碍。微博作为高校党务信息的载体，在第一时间把最新的党中央精神在线宣传、转发。把相关文件以最快的速度传达给高校各个二级学院的学生党支部、每位党员，让每位学生党员在思想上、行动上与党中央保持高度一致。运用微博的公告栏，高校各二级学院可以借助其固定持续的特点来让每位党员做好某项常规工作，比如入党申请书的提交、思想汇报等材料的提交、召开民主评议大会等。微博公告栏可以替代传统的黑板公告栏成为一个更及时有效、全面的信息平台，可以提高党建工作的效率。同时，党支部还可以通过微博第一时间发布党组织的一些信息，生动简短的内容，便于传播与观看。

（三）微博能够有效地掌握学生党员的基本信息和思想动态

微博作为一个新兴的学生党建网络平台可以迅速、快捷地收集学生党员的基本信息，并可以通过转发、留言等方式来组织学生党员对国家当前的政治时事、焦点问题、学校的热点问题进行自由讨论，这样就由老师单向的思想政治教育变成双向的、多向的互动交流。从枯燥的引入、教导、命令、讲课转变成图文并茂、生动活泼、自由平等的思想和情感的相互交流，形成新的党员教育模式，提高学生党员的积极性。在微博中体现更多的是地位平等，这种关系更有利于高校党务工作者通过微博发表观点，及时与学生党员进行互动，消除沟通中遇到的阻碍，维持良好的师生关系。"90后"大学生喜欢运用微博表达自己在某一时刻的真实想法，高校党务工作者可以通过微博及时了解他们的思想动态，更有针对性地进行引导与帮助。

（四）微博是学生党员管理衔接的有效工具

高校学生党员发展过程时间跨越度比较大。许多学生党员经过前期的培训，一般要到大三、大四才能预备转正，此时许多学生党员就要开始实习离校了，流动性比较大，难以管理。通过微博我们可以对每一个即将毕业，实习的学生党员进行单线联系。这样无论在哪里工作或者实习，都可以实现远程向党组织汇报思想、学习、生活、工作情况。学生党员可以突破时空的限制，更方便、快捷地接受党组织的教育，提高自己的党性修养，也保证了高校党性教育、培养工作的实效和延续性。

三、微博党性教育互动模式

（一）师生之间互动

以往的高校教师在党性教育工作中以单向灌输式说理为主，一味地给予，而没有交流。这样的形式容易让大学生不愿意表达自己的想法。通过微博平台，大学生可以为老师和同学之间构起一架信息桥梁。党建工作者可以通过其微博发挥影响力，运用微博来与大学生进行沟通，这样容易得到青年人的认可，被大学生"关注"。只有这样才能利用微博来公布各种党务信息，了解学生的学习需求，从而形成党务工作者和学生之间的良好互动。

（二）党员学生之间的互动

通过微博，作为党员发展对象的大学生可以被聚集起来对当前的国家大事、党员信息等话题发起讨论。大学生可以与其他同学进行交流，这样可以让他们形成共同的价值观。在生活中如果遇到与微博主题相关的信息可以随时随地发布到微博平台中，也可以就一些观点、现象发表自己的看法，与其他同学互动交流。

（三）家长与学生之间互动

随着网络的开放与便捷，上网也成为不少学生家长的生活内容之一。通过微博，让学生与家长之间进行互动，可以让家长能够及时了解学生的思想动态以及在校期间的学习、生活的表现。也可以就当前某些国家大事发表自己的看法，对热门事件进行讨论。

（四）学校与家长之间的互动

各高校应建立家校微博联盟，相关工作人员要及时发布学校的教育最新动态，让家长能够在第一时间掌握学生的动向。可以通过微博与家长进行一对一的信息互动交流，能够更好地实现家校联动、实现共同教育，有助于提高学生的综合素养。

四、应用微博进行高校学生党建工作应注意的问题

微博的兴起给当前高校党建工作带来了新的挑战，面对新的挑战和机遇，相关部门要合理利用微博，为大学生开辟一个新的党建教育的基地。工作中也应注意几个问题。

（一）完善微博的管理制度

在高校学生党建工作中加入微博，需要有专业的人员来对高校党支部微博加以监督和约束。如果不加以监管，会影响广大学生对我党的信心，造成价值观的混乱。因此，相关部门首先要完善高校党支部微博的管理制度。其次要聘用理论素养过硬的人员来作为党建微博的管理员，做好每天的微博维护工作，防止不良的信息侵入。同时也要充分发挥学生党员的自觉性、自律性来抵制有害信息的侵入。将管理与教育相结合来共同抵制不良信息。

（二）高校党建微博管理者要在思想上有预见性

当前大学生都是"00后"，受到经济、社会文化等诸多因素的影响，他们的思想、个性都十分活跃和独立。但是同为大学生，"00后"大学生又与"90后""80后""70后"大学生有着相同的特点，对于文化的需求也有着相似之处。这就要求高校党建工作人员能够根据当前"00后"大学生的主体意识、思维方式、兴趣爱好等方面做出预见性的判断和引导，能够把我党的主流意识引入到校园大学生党建微博中，来帮助大学生树立正确的党性意识。

（三）建立以传统党性教育为基础，党建微博为辅的多层面合力教育机制

我们在运用微博为大学生党建工作探索新出路、解决新问题时，也必须清楚，我们绝对不能忽视传统的党性教育模式的作用。课堂讨论式教

育、报告会、入党宣誓等形式仍然还是我们当前开展学生党员思想教育工作的基本形式。若我们忽视了传统党建教育的模式，则会造成本末倒置、顾此失彼。我们应该建立传统学生党员思想教育与微博党建思想教育的合力机制平台，来获得学生党员思想教育模式的最佳效果。

第五章　"互联网+"背景下大学生爱国主义教育与人才培养模式

第一节　"互联网+"背景下大学生爱国主义教育的价值意蕴

《新时代爱国主义教育实施纲要》(以下简称《纲要》)明确指出,"培养社会主义建设者和接班人,首先要培养学生的爱国情怀"。这为我们深入开展大学生爱国主义教育工作指明了前进方向、提供了根本遵循。"互联网+"时代背景下大学生爱国主义教育给出了新的注解,引导大学生深刻理解其理论内涵、时代价值是营造良好教育生态的需要。

一、"互联网+"背景下大学生爱国主义教育的时代价值

随着时代的变化发展,支持社会系统的精神领域需要源源不断地注入新的活力,深刻认识和把握爱国主义的时代价值和当代精神无疑具有重要的理论意义和实践意义,当前"互联网+"背景下爱国主义教育成为新

时代高校教育需要关注的重要一环。

（一）加强大学生爱国主义教育是落实高校立德树人根本任务的需要

全国教育大会明确指出，要坚持把立德树人作为根本任务。高校的立身之本在于立德树人，将爱国主义教育融入大学生思想政治教育，是高校落实立德树人根本任务的重要课题。爱国不仅是个人对祖国深沉的情感表达，还是大学生立身处世的源泉。在这个承前启后、继往开来的关键时期，立德树人的内涵更加深刻而丰富，作为当代大学生应牢固树立爱国意识、家国情怀，为实现中华民族伟大复兴的中国梦而不断奋斗。大学生是中华民族伟大复兴的生力军，其生命历程将与国家发展的历史进程息息相关。面对外来文化和思潮的涌入，大学生思想意识形态领域呈现出前所未有的复杂性和多元性，大学生的思想发展还处于高速发展时期，为此对大学生进行爱国主义教育是迫切的和十分重要的。高校应该立足于人才培养，明确新时代人才培养的目标，从新生代大学生特定的代际人生经历入手，将爱国主义教育融入三全育人工作，融入教育教学的全过程，努力培育时代新人的优秀品质。

（二）加强大学生爱国主义教育是当前高校学生思想政治工作的重要时代主题

爱国主义教育的核心体现在"育"上，育人既是思想性教育又是实践性教育。高校思想政治工作必须围绕学生、关照学生、服务学生，这是新形势下做好高校学生工作的总要求。新形势下开展大学生爱国主义教育，要在"因事而化、因时而进、因势而新"上下功夫，让广大学生正确认识时代责任和历史使命，筑牢以国为重、为国许身的精神高地。筑牢大学生的爱国精神是爱国主义教育的重要课题，在爱国主义教育过程中应着力加强大学生的认知教育，激发大学生的爱国热情。从当前高校思想政治教育方式上看，长期以来的爱国主义教育忽视了学生的主体地位，这种功利性的教育方式遮蔽了教育内在的价值问题。大学生是具有主体性的个体，爱国主义教育需要通过大学生主动建构价值认同，从宏大叙事的意识形态话语内化为大学生个体的意识和语言。为此，高校学生工作应立足于教育场域中暴露出的短板和不足，坚决贯彻马克思主义关于内因是根本的教育思想，推动爱国主义教育工作融入高校学生工作的各个环节，引导大学生把爱国情感转化为砥砺奋进的自觉行动。

（三）加强大学生爱国主义教育是坚定文化自信的现实需要

当今世界正经历百年未有之大变局，改革发展的任务不仅面临着难得的历史机遇，还面临着一系列严峻的考验。文化是民族的血脉，随着经济全球化的发展和冲击，各国文化相互交融、交锋。为此，加强新时代爱国主义教育就需要从政治的高度把握爱国主义教育的战略意蕴，着力加强正面引导，透过爱国主义现象把握爱国主义教育的本质。新时代青年大学生是强国建设的主要生力军，在社会主义现代化建设过程中担负着重任，在广大大学生中开展深入、持久、生动的爱国主义教育是十分必要的。

二、"互联网＋"背景下大学生爱国主义教育存在的问题

当今世界，教育信息化、价值多元化为大学生爱国主义教育赋予了鲜明的时代特征和丰富的思想内涵。大学生爱国主义教育的重点应是培养大学生的爱国情怀和责任担当意识，然而，由于受到多种复杂因素的影响，"互联网＋"背景下大学生爱国主义教育面临着教育场域复杂化、教育路径形式化、教育话语功能被削弱等多重困境。

（一）爱国主义教育场域复杂化

在以往传统的爱国主义教育实际样态中，思想政治理论课一直作为大学生爱国主义教育的主阵地。但是随着移动互联网的深入发展和广泛普及，爱国主义教育的场域不再以学校为中心，不再以课堂为中心，现在获取知识要依托网络技术随时随地进行。然而，青年大学生甄别网络信息和评判价值的能力不足，同时过载的信息又多以碎片化的形式呈现在大学生面前，这无疑又加重了大学生的学习负担，造成大学生爱国主义教育的实效性不高。

（二）爱国主义教育路径形式化

从目前高校开展的爱国主义教育实践活动来看，许多高校的爱国主义教育路径流于形式化，对爱国主义教育缺少整体的设计，不能适应教育

创新改革的需要。不少高校的爱国主义教育看上去很务实，组织大学生进行实践活动，但是在实际操作的过程中缺少系统和整体的考量，未能充分考虑大学生的认知特点和学习特点，实践活动路径相对单一，缺乏吸引力，这也严重限制了爱国主义教育的实效性。鉴于爱国主义教育的形式化、单一化，相关部门需重构以思想政治理论课为主的爱国主义教育路径，丰富爱国主义教育路径、变被动为主动，让大学生爱国主义教育入眼、入口、入耳、入脑、入心。

（三）爱国主义教育话语功效被削弱

当前，爱国主义教育话语在大学生思想政治教育中的高势位引领作用不明显，时刻面临着被解构和消解的话语困境。爱国主义教育的话语权不仅是意识形态话语权的一种，还是爱国主义在教育领域价值的旨归。随着人工智能化时代的来临，多元网络社会思潮纷繁复杂，各种意识形态相互较量，大学生已不拘泥于思想政治理论课教师的讲授，爱国主义教育正在不断受到多元价值论的挑战。显然，牢牢握住"互联网＋"背景下大学生爱国主义教育的话语权必须坚定国家立场，坚守爱国主义的价值取向。

三、"互联网＋"背景下大学生爱国主义教育实践的创新路径

爱国主义教育路径探索是促进大学生爱国主义教育落地的关键环节。

"互联网＋"背景下加强大学生爱国主义教育，需要在思想政治课程中充分挖掘爱国主义教育中蕴含的丰富资源，需要在网络思想政治教育活动主题中有意识地贯穿精神价值，需要在爱国主义教育实践中不断完善高校思想政治教育体系，需要在文化育人的过程中厚植大学生的爱国主义情怀。

（一）强化课程育人，以思政教育厚植爱国情怀

思想政治理论课是进行爱国主义教育的关键课程。大学生爱国主义教育要以课堂教育为抓手，坚持铸魂育人的思维，借助思想政治课程的吸引力和感染力，切实把爱国主义教育融入高校思想政治理论课教育教学过程中。同时引导学生理性思考，帮助学生树立正确的自我意识和民族意识，积极培养学生的爱国主义思想。高校教师要把社会主义现代化建设中的实事、实例作为大学生爱国主义教育的载体，爱国主义教育融入声音、图像、视频之中，使传统严肃的爱国主义教育变为多彩丰富、有亲和力和感染力的话题内容；教师还可以用榜样的力量来激励和鼓舞大学生把个人理想融入党和国家的奋斗目标。

（二）构建全媒体场域，以网络育人筑牢爱国阵地

《纲要》明确指出要加强爱国主义网络内容建设，广泛开展网上主题教育活动，让爱国主义充盈于网络空间。面对新时代互联网、物联网等技术的发展，大学生爱国主义教育方式发生了很大的变化，网络交往介

入大学生学习生活的各个方面，这从根本上改变了大学生的学习生活和思维方式。这就要求我们建立爱国主义教育新阵地，构建全媒体场域，加强新媒体和传统媒体传播话语的协同创新，构筑大学生爱国主义教育的立体化格局。爱国主义教育网络阵地是对传统教育方式的有效补充，可以有效发挥新媒体在叙事方面的长处，紧密依托大数据、移动互联网平台等将爱国主义教育嵌入网络教育体系。具体来说，一是可以通过抖音、微信、新闻客户端等各类微媒体构建全媒介融合传播体系，充分挖掘网络优势，利用新媒体工具进行行为引导，采取大学生喜闻乐见、易于接受的形式来开展网络爱国主义教育活动。例如，从小事切入，寻找大学生身边的榜样开展爱国主义教育活动。二是通过"我和我的祖国"文章评选、推送"英雄人物原型探访"、讲述身边的爱国故事、学习"四史"等形式，将教育话语和生活话语有机结合，搭建大学生爱国主义教育话语传播平台，激发大学生的历史责任感和爱国主义精神。三是创新网络话语表达，提升话语形式的吸引力。互联网的快速发展迫使爱国主义教育需要突破传统教育模式的藩篱，积极吸收互联网、大数据技术的优点，进行创新实践。为此教师可以采用"短视频＋弹幕""视频直播＋纪实影像"等大学生乐于使用的、语义多元的网络符号语言，积极引导高校大学生在网络空间中做出理性的爱国言行，让大学生在潜移默化中、在实际生活中理解并践行爱国主义教育。

（三）打造多元化的实践活动，以实践育人弘扬爱国主义精神

积极推进大学生参与爱国主义教育实践活动，不仅有利于加深大学生对爱国主义的理解，还有利于增强大学生对爱国主义的情感认同。具体来说，一是高校可以围绕"红色之旅""文化之旅"等研学活动，通过实地走访来发挥红色文化和中华优秀传统文化的教育和渲染功能，激发大学生对祖国的认同感和爱国热情。二是密切与企业、社会机构之间的联系，通过专业实习、毕业见习等探究性的学习活动培养大学生的动手能力，引导大学生树立"把本职工作做好就是做贡献，把每件事做好就是爱国"的理念，使他们不断增强自信心，动员他们把满腔报国之志转化为工作业绩。在大学生爱国主义教育中，高校必须从高度、广度等多个维度集中发力，让爱国主义教育真正落到实处，见到实效。

（四）发挥文化育人，以精神引领坚定报国之志

思想政治教育的本源就是要通过文化来熏染人的思想、道德、行为。"互联网＋"背景下爱国主义教育不仅要通过课堂育人的方式来进行，还要通过文化育人的方式来进行。爱国主义教育要发挥文化在育人中的独特优势，通过文化育人的方式融入青年大学生思想政治教育。文化育人不同于深刻抽象、思辨说理的理论育人，它以形象生动、丰富多样的文化艺术方式来提升大学的思想道德素质和科学文化素质，使大学生在环境和氛围中体验文化的意蕴。学校是大学生爱国主义教育的主体，要着

力营造培养爱国主义精神的文化氛围。首先，学校应该组织多种形式的大学生爱国主义教育系列文化活动，根据大学生感兴趣的爱国主义新话题，通过学术报告、研讨会和公开课等形式将抽象的爱国主义理论与丰富的实践活动相对接，营造良好的学习氛围；其次，学校要"因地制宜"，充分利用区域内红色文化教育资源，依托爱国主义教育基地开展现场教学活动，发挥红色文化宣传阵地的作用。此外，学校还可以发挥优秀文艺作品的熏陶作用，培养大学生的爱国主义精神。高校作为大学生爱国主义教育的主要阵地，要坚持把立德树人作为中心环节，鼓励学生创作优秀的爱国主义文艺作品，将爱国情感、理想信念融入文化环境中，通过直观的形象来营造良好的文化氛围。

第二节　大学生爱国主义教育与"互联网＋"的结合分析

自进入 21 世纪以来，互联网的全面发展与运用转变了信息传播的方式，创建了一个更为多样、包容的社会话语体系。在当下信息化技术全面发展的时代背景之下，高校的思想教育工作者需要全面关注并且有效运用"互联网＋"模式，来进一步创新大学生爱国主义教育的开展方式。

一、"互联网 +"背景下大学生爱国主义教育开展所面临的机遇

（一）有效创建了大学生爱国主义教育话语的全新模式

"互联网 +"已经成为丰富大学生爱国主义教育形式的重要手段，它为教育者提供了更多的工具和平台，以更具创新性、互动性和吸引力的方式进行爱国主义教育。以下是一些互联网 + 在大学生爱国主义教育方面的作用和丰富形式：

互联网上有大量的爱国主义教育资源，包括视频、文章、课程等。学生可以随时随地访问这些资源，了解国家历史、文化、伟人事迹等，提高他们的爱国情感。教师可以利用虚拟实境（VR）和增强实境（AR）技术开展爱国主义教育活动，学生可以参与虚拟实景的国家历史事件，亲身感受历史情境，深刻理解国家的发展过程。教师可以利用在线博物馆和文化遗产展览开展爱国主义教育。目前，许多博物馆和文化遗产已经在互联网上建立了虚拟展览，学生可以通过在线参观，了解国家文化和历史。

教师可以利用社交媒体和讨论平台开展爱国主义教育活动。学生可以在社交媒体和讨论平台上分享彼此的学习心得，与他人讨论爱国主义话题，增进同学之间的交流。教师可以通过互联网，组织各种形式的比赛，如爱国主义知识竞赛、创意作品比赛等，激发学生的兴趣，提高他们的爱国主义意识。

教师可以邀请国内外专家学者通过互联网进行线上讲座，为学生提供权威的爱国主义教育。学生可以通过互联网参与各种社交公益活动，如志愿服务、募捐等，积极参与国家和社会发展，进而增强自己的爱国之情。

"互联网＋"为大学生爱国主义教育提供了更多元化和创新的教育形式，使教育更加生动有趣，更好地引导学生树立爱国情感，了解国家历史和文化，积极参与国家和社会事务。这有助于培养更多有责任感、使命感和国家意识的优秀大学生。

以往的爱国主义教育，往往是高校相关思想政治教学者进行一味地讲述，这样的教育传播模式往往形式较为单一。而伴随着新媒体时代的全面到来，思想政治教师的教学工作语境发生了本质上的改变，特别是如今更需要与传播平台进行深度融合。在这样的全新运作环节当中，以往的爱国主义教育的相关高校教育者与受众群体的划分界限也变得更为模糊，甚至是身份感已经不需要进行重点强调。如此具有全面革新性的高校思想政治教育工作开展模式，可以全面转变以往面对面教育所存在的隔阂感，更有利于学生进一步敞开心扉，勇于提出自己的真实想法，进而与接受教育的大学生群体一同创建"互联网＋"环境下的全面教育模式。

（二）全面丰富了大学生爱国主义教育开展的具体内容

随着时代的快速发展与进步，大学生的爱国主义教育也需要紧跟时代发展的脚步，不断革新相关的教育内容，这样才可以进一步激发学生群体内心深处的爱国主义情怀。特别是随着以网络为载体的多元文化元素的产生，如今的大学生群体更喜欢运用互联网语言进行日常表达。因此对高校而言，特别是相关的思想政治教师需要深入了解并且学习网络流行语，进而可以有效结合相关的网络流行语，来进一步开展爱国主义教育活动。

二、"互联网＋"背景下大学生爱国主义教育开展所面临的挑战

（一）以往爱国主义教育运作模式急需革新

在互联网＋背景下，大学生爱国主义教育面临一些挑战，包括以下几个方面：

1.信息过载和虚假信息：互联网上存在大量信息，其中包括虚假信息、谣言和偏见。学生容易受到不准确或有偏见的信息影响，因此需要培养辨别信息真伪的能力。

2.注意力分散：互联网上的娱乐、社交网络和其他诱惑，容易使学生分散注意力，降低对爱国主义教育的重要性的认识。

3.个性化和信息沉淀：互联网可以提供个性化的学习体验，但这也可能导致学生只关注自己感兴趣的领域，忽视了其他重要的国家发展方面。

4.网络安全和隐私问题：在互联网上进行教育需要考虑学生的网络安全和隐私问题，特别是在涉及个人信息和数据的情况下。

5. 监管和引导问题：互联网空间的监管和引导也是一个挑战，如何确保在线爱国主义教育内容的准确性、合法性和公正性，教师需要认真分析，研究一套可行的执行办法。

6. 传统价值观与新思潮冲突：互联网时代涌现出各种新思潮和文化，有时可能与传统的爱国主义价值观存在冲突，大学教师需要教育学生正确处理这些不良信息的冲击，培养自身的爱国主义精神。

应对这些挑战需要综合利用"互联网＋"教育的优势，采取有针对性的措施。这包括提高学生的信息素养，引导他们主动寻找可信赖的信息源，设计吸引人的在线爱国主义教育内容，强调国家的重要性，提供支持和资源，以便所有学生都能参与，同时监管和管理在线教育，确保内容的质量。此外，教师还需要培养学生的批判性思维，帮助他们更好地理解和应对互联网时代的复杂挑战。

（二）极大影响着主流的意识与价值观

伴随着信息化技术与互联网的快速发展，以相对传统思想政治运作为核心的主流意识形态与价值观都受到了极大的影响。新媒体全面运用的发展背景之下，其普及化与多元化的特征也对以往的价值观念产生了巨大的影响。大学生群体在充分享受快速高效传播的网络资源的同时，往往也难以规避来自网络中的某些不良行为的影响，这也是现阶段新媒体时代背景下，高校思想政治教育工作深入开展的重要挑战。

三、大学生爱国主义教育与"互联网+"时代充分融合的相关运作体制解析

（一）充分汇聚网络正能量，构建爱国主义教育认同体制

首先，高校教师需要善于运用"互联网+"运作平台，并且需要全面以社会主义核心价值观作为高校思想政治教育开展的基础，有效引领大学生的爱国主义教育始终处于正确的方向当中。核心价值体系是我国历经多年发展所总结归纳的精神文化结晶，也是整个国家运作的精神基础所在。所以，大学生爱国主义教育需要在核心价值体系的引领之下，妥善运用"互联网+"平台创建社会主义核心价值观的宣传平台，从而让大学生在核心价值观的教育中更好地接受其中灌输的核心爱国主义思想，进而真正意义上让爱国主义的理念深深扎根于广大大学生群体的心中。

其次，高校教师需要巧妙运用"互联网+"平台，以我国优异的传统文化来进一步引领学生增强国家与民族的自豪感。因此，在互联网发展的背景下，爱国主义教育要充分融合我国优质的传统文化，同时高校教师要善于运用网络语言，进一步营造轻松愉快的教学氛围。

最后，高校教师要充分运用"互联网+"平台开展线上的实践活动，通过对爱国主义相关案例的深度讲解使学生达到情感的共鸣。实践是所有认知的基础，同时借助实践也可以让大学生的理论认识有效转变为实际行动。在"互联网+"背景下，高校可以定期借助校内网、微信公众号、微博等网络平台发布爱国主义教育中的先进事迹，进而有效激发大学生

对于榜样的学习积极性；同时，教师也可以借助网络平台，开展诸如"历史上的今天"等一系列的主题教育活动，进而达到全面深化大学生爱国主义认同的目的。

（二）充分运用主渠道，创建立足"互联网＋"的爱国主义教育引导体制

高校教师要充分运用"互联网＋"革新高校的思想政治理论课程，全面提升高校爱国主义教学的效率。高校是当代大学生进行爱国主义学习的重要场所，因此对于高校的日常爱国主义教育而言，教师需要全面发挥互联网的快捷、多元化的特征，从而全面革新课堂教学方式，充分挖掘互联网平台的教学资源，将互联网作为核心的教育媒介，从而进一步丰富课堂教学内容，提升大学生对于爱国主义教育的关注度；同时，高校教师要全面发挥互联网即时性的特征，比如在课堂之外可以通过创建微信群等方式，为学生提供一个可以表达自身观点的平台。这样，教师就可以更好地培养学生的独立思考能力，并且进一步提升其对爱国主义教育的认知，从而更好地培养学生的爱国主义精神。

营造良好的高校虚拟文化氛围，进一步增强校园网络的舆情引导。在"互联网＋"的背景下，良好的校园虚拟文化氛围成为现阶段影响大学生爱国主义教育开展的一个重要因素。首先教师需要积极创建大学网络社团。在虚拟的网络空间中，教师要积极引领学生更为全面地了解自己的祖国，并且更好地抒发出自己的爱国之情；同时，教师要创建高校主题

网站，全面深化网络的舆情引导。通过创建多元化的爱国主义教育网络模块，将现实的校园文化与虚拟的网络文化结合起来，使校园内形成一个良好的文化氛围。

（三）营造良好的网络氛围

1.营造良好的校园网络氛围

首先，教师需要全面加强对校园网络的监管。校园对社会而言是有限的领域，可管控性相对较强。所以，高校需要全面加强对校园网络环境的监管，有效实现校园信息监管，规避负面信息的传播，创建一个良好的校园环境。创建防火墙系统，为信息传播提供一个相对有利的防护屏障。此种挑选性的过滤方式可以为学生创建相对优异的网络运作环境，进而为爱国主义教育的开展提供基础保障；其次，教师要在校园网络当中动态化地对信息资源展开监管，对于负面的信息要第一时间进行清除，倘若相关用户所发布的有害数据超过一定的频次之后，需要第一时间对于相关的账号进行封锁处理，并且将责任追查到人。

同时，教师要持续完善校园主题网站的教育功能。在全面迈入"互联网＋"时代之后，教师需要进一步完善校园内的主题教育网站的内容，特别是需要全面增强其教育功能。现阶段，诸多高校都有自己的校园主题网站，网站上不仅包括校园中的新闻，同时也包括社会的热点新闻等，其整体内容较为丰富且更新速度也相对迅速。不过，整体的教育效果却不是非常突出，学生对于校园网站的关注度不高。因此高校需要持续化优化校园内的主题网站，并且增强其教育功能。高校的专属校园网站需要拥有自己的特点，特别是需要与学校运作的实际状况紧密结合，更多地推送与校内师生有关的内容，如此才可以让师生在浏览校园网站的过程中产生一定的认同感，进而增强教育的效果。与此同时，主题教育网站经常会更新一些弘扬社会主义核心价值观的内容，进而形成了正确的导向作用，一定程度上影响着学生的思想认知。因此校园网站必须能够积极弘扬时代的主旋律，能够营造良好的网络文化氛围。

2. 创建积极的社会网络环境

创建积极的社会网络环境对个人和社会的健康都非常重要。以下是一些方法和策略，可以帮助建立积极的社交媒体和网络环境：

要创建积极的社会网络环境，个人需要严格管理自己在社交媒体上的行为。这包括负责任地发布信息，避免散布虚假信息和谣言，以及避免攻击性的言论。个人应该保持礼貌和尊重，避免挑衅和争吵。个人可以积极分享有益、正面和启发性的信息。这可以包括分享知识、经验、有趣的事物或鼓励和支持他人的信息。通过分享正面信息，可以建立积极的社交媒体氛围。

社交媒体平台通常有规则和政策，禁止恶意行为、骚扰、仇恨言论和虚假信息。个人应遵守这些规则，以维护积极的社交媒体环境。社交媒体可以成为一个支持社区的平台。人们可以通过分享自己的困难和挑战，寻求帮助和支持，或者为他人提供鼓励和支持。这种互助和支持有助于建立积极的社交媒体环境。

社交媒体可以用来传播知识和启发他人。个人可以分享有价值的信息、教育内容和启发性故事，从而提高社会网络中的信息质量。虽然在线社交媒体很重要，但也不要忽视面对面的社交。建议在社交媒体上建立联系的同时，也要积极参与实际社交活动，建立更深层次的人际关系。个人要了解自己的情感健康，并学会管理负面情绪。社交媒体上经常会出现引发焦虑、抑郁和其他情感问题的内容，因此应当保持情感健康，并知道何时断开与社交媒体的联系非常重要。

社交媒体应该反映社会的多样性，促进包容性和尊重不同背景、信仰、性别和种族的人。鼓励对多元化的认可和尊重。个人要明确如何审视社交媒体上的信息，要能够培养自身的批判性思考能力，以辨别虚假信息。

通过以上方法，经过通过努力共同努力，我们创造一个积极和有爱心的社交媒体和网络环境，有助于个人的心理健康，也有助于社会的和谐发展。

第三节 "互联网＋"背景下大学生爱国主义教育长效机制

国务院印发的《关于积极推进"互联网＋"行动的指导意见》中明确提出"鼓励学校利用数字教育资源及教育服务平台，逐步探索网络化教育新模式"，如何主动利用"互联网＋"优势，积极应对"互联网＋"对大学生爱国主义教育带来的机遇和挑战，探索"互联网＋"大学生爱国主义教育的长效机制，是高校思想政治教育工作者的新课题。

一、"互联网＋"为大学生爱国主义教育带来的机遇

在信息技术高速发展的"互联网＋"时代，互联网因其开放性、多样性、共享性、交互性和即时性等特点已迅速延伸到社会的各个领域，深受现代人尤其是年轻大学生的喜爱，是大学生学习、生活中不可或缺的重要组成部分。这也为高校爱国主义教育带来了新的发展契机。

（一）互联网的开放性与多样性丰富了爱国主义教育的内容

作为全球最大的信息资源库，互联网教学资源丰富，其内容涉及政治、文化、经济、科技、教育、娱乐等各个领域，为爱国主义教育提供了丰富、生动的新内容。首先，互联网的开放性使得大学生可以迅速地获取和学习国家最新政策和党的最新理论知识，了解国情、党情和社情，接受新的爱国理念教育，为高校培养大学生理性爱国意识提供了丰富的学习平台；其次，互联网具有图文并茂、声色俱全的特点，能够为大学生学习提供真实、形象的表现效果，增强了高校爱国主义教育的生动性与实效性。中共中央在《爱国主义教育实施纲要》中指出："各地的自然风光、文物古迹、名胜景点能够激起人们对祖国壮丽河山和悠久历史文化的热爱之情，要注意发挥这方面的优势，寓爱国主义教育于游览观光之中。"

以前让大学生游遍全国各地名胜古迹不太可能也不现实，现在大学生利用互联网就可以身临其境地了解我国悠久的历史文化、领略我国自然风光和名胜古迹，足不出户便可在学习教育中升华自身的爱国情感。因此，从某种意义上说，"互联网＋"实现了"网络有多大，爱国主义教育的舞台就有多大"。

（二）互联网的交互性与即时性增强了爱国主义教育的时效性

爱国主义具有与时俱进的特点，要求高校也应与时俱进，取其精华去其糟粕，将那些实践证明有益的和紧跟时代步伐的内容加以宣传、发扬光大，而这与"互联网＋"时代信息传播的交互性与即时性能让爱国主义教育信息更具时效性不谋而合。互联网的交互性与即时性既可让高校第一时间更新爱国主义教育内容，又让大学生可以在第一时间了解信息。大学生在互联网上可以发表对时事的看法，等等，这些正是大学生将自己融入国家、民族发展中，增强他们"天下兴亡，匹夫有责"的社会责任感的具体体现。高校也可以利用互联网即时宣传中央发起的感动中国人物、全国道德模范评选表彰等一系列活动，引导他们在网上理性地发表对社会热点和国内外重大事件的看法，培养他们理性的爱国主义情感。

（三）互联网的共享性和超时空性提供了爱国主义教育的新方式

在"互联网＋"背景下，大学生的独立意识和自我意识日益增强，他们开始反感传统的"教师讲—学生接受"的"填鸭式"思想灌输的教育方法，而网络具有的共享性、超时空性以及虚拟、匿名性，一为大学生信息的获取打破了时间、地域的限制，突破了以往爱国主义教育主要依靠课堂教学的局限，二为大学生提供了集声音、图像、文字于一体的多媒体画面，调动大学生的思维和感官，丰富了大学生爱国主义教育的教学手段，三淡化了教育者与受教育者的明显界限，让大学生在双方平等交流、相互探讨中潜移默化地受到教育和影响，进一步拓宽了高校爱国主义教育的途径。

二、"互联网+"大学生爱国主义教育长效机制的构建

（一）抢占"互联网+"的"制高点"，汇聚正能量，构建"互联网+"大学生爱国主义教育认同机制

第一，善用"互联网+"平台，用社会主义核心价值观占领高校网络阵地，引领大学生进行爱国主义教育。核心价值体系是一个国家或一个民族随着历史的发展逐渐形成的，是社会的方向盘和国家运转的精神支柱，因此，大学生爱国主义教育要在社会主义核心价值体系的引导下进行，要善于利用"互联网+"平台构筑社会主义核心价值观网络阵地，让大学生在社会主义核心价值观中同时接受爱国主义教育。

第二，巧用"互联网+"平台，以中华优秀传统文化增强大学生的民族认同感。习总书记指出，弘扬爱国主义精神，必须尊重和传承中华民

族历史和文化，对祖国悠久历史、深厚文化的理解和接受，是人们爱国主义情感培育和发展的重要条件。因此，在"互联网+"背景下的爱国主义教育要借助中华民族的优秀传统文化，善于建设精美风趣的符合大学生认知特点的优质传统文化教育资源，让学生在中华民族传统文化的学习中产生情感共鸣，激发情感因素，如民族自信心、民族归属感、认同感等，从而增强大学生的爱国之情。

第三，教师可以利用"互联网+"平台开展线上实践活动，以爱国主义典型案例增强认同感。实践是认识的基础，实践也是检验真理的唯一标准，而且通过实践可以将大学生的理论认知转化为自身的具体行动。在"互联网+"背景下，学校可以定期通过校园网、微信公众号等发布学校、班级中的先进事迹、好人好事，或者发布一些学生耳熟能详的爱国榜样等，这些具有爱国主义情怀的模范人物或道德榜样是激发大学生爱国情感、引领大学生爱国的榜样；教师可以通过互联网上的"网上纪念堂""历史上的今天""中国与世界""追寻红色记忆"等主题教育活动，与线下的参观爱国主义教育基地、祭扫革命烈士纪念碑、参加社会实践教育基地活动、开展"爱祖国、爱劳动""诵读中华经典""寻家族根源、传家风家训"等活动双管齐下，增强大学生爱国主义教育的认同感。

（二）利用主渠道，唱响主旋律，构建"互联网+"大学生爱国主义教育引导机制

第一，利用"互联网+"创新高校思想政治理论课，增强高校爱国主

义教育的有效性。高校是大学生爱国主义教育的重要场所，首先应充分发挥互联网便捷、生动多样的优势丰富课堂教学手段，挖掘"互联网+"所提供的有效教育资源，将互联网作为重要的教育载体以提高课堂教学效率，增强爱国主义教育的感染力和吸引力；其次要发挥互联网交互性、即时性等优势改革课堂教学方法，如可以采用案例法、提问法在课堂上对一些具有现实意义的典型问题进行分析和探讨，并在课堂之外建立QQ群、微信群等为学生建立一个自由发言的网络平台，让学生继续畅所欲言，发表观点，这样教师既可以把握教学的主动权，能及时有效引导学生明辨是非理性爱国，又体现了学生的主体地位，在互动交流中培养了学生的独立思考能力，提高学生的爱国主义热情，增强了教育的互动性。

第二，营造良好的校园虚拟文化氛围，强化校园网络舆情引导。在"互联网+"背景下，校园网络文化将会对大学生的行为和意识起到一定的引导作用，并逐渐构成大学生生活、学习经历中不可或缺的部分。因此，良好的校园虚拟文化氛围成为大学生爱国主义教育中重要的影响因素。一要建立网络社团，着重培育校园网络大V。在开放虚拟的网络空间中，指引大学生更加全面地认识自己的国家，抒发自己的爱国之情；二要加强学校主题网站建设，加强网络舆情引导。通过建立爱国强国论坛、网上纪念馆等，将现实的校园文化与虚拟的网络文化相联结，注重正能量宣传，唱响网络爱国主义教育主旋律，进而形成良好的校园氛围。

（三）整合资源，打好主动仗，构建"互联网 +"大学生爱国主义教育监管机制

第一，政府应加强信息监控与法制建设，为爱国主义教育营造良好的媒体环境。一要加大对互联网信息的监管力度，从源头上净化大学生爱国主义教育的互联网环境；二要完善与互联网相关的法律制度体系，依法治网，坚决反击形形色色有损国家与民族团结的言论，并大力在大学生中宣传法制法规教育，打造一个充满健康信息与积极观点的互联网环境。

第二，学校应建立健全校园网络舆情预警监控机制。为应对网上信息良莠不齐、泥沙俱下的局面，高校统一构筑坚固的"防火墙"，建立网络信息监控机构，双管齐下对网络信息进行防控和筛选，从源头上防止不利于国家的负面信息在网络传播，营造良好的校园网络环境。学校要建立网络预警机制和快速反应机制，通过调查、分析、研判网络舆情，及时掌握网上舆情动态，第一时间借力打力，应用互联网新媒体等载体对某些突发性、群体性事件采取应对措施，把矛盾和潜在隐患控制在萌芽阶段。

（四）加强学习，更新结构，构建"互联网 +"大学生爱国主义教育保障机制

第一，高校思想政治教育工作者要更新教育观念，提升"互联网 +"工具使用与爱国教育新平台开发能力。"互联网 +"背景下，一方面，高校思政工作者不仅需要深厚的思想政治专业理论知识，还必须与时俱进，

抓住互联网便捷、即时性强等特点，掌握现代信息网络理论知识，不断完善自身的知识结构，提高自身使用互联网的能力，将教学中应该传达给学生的爱国主义观念贯穿到互联网平台中；另一方面，在学生主体意识不断增强和师生交流日渐平等、互动的"互联网＋"时代，高校思政教师要与学生平等进行交流，通过培养自身良好的语言表达能力、娴熟的现代技术处理能力等方式彰显个人魅力，激发大学生的求知兴趣。

第二，教师要对大学生进行爱国主义教育，培养大学生的爱国主义精神。当代大学生是"互联网＋"的"原著民"，他们几乎都能熟练地运用互联网，可以随时随地使用"微信""微博"。因此，高校应引导大学生加强对《中国公用计算机互联网国际联网管理办法》《全国青少年网络文明公约》等相关法律规范的学习，提倡科学上网、绿色用网，并引导他们加强学习马克思主义的唯物辩证法，让他们在浩瀚的互联网中能辨清是非黑白。此外，教师要积极创设大学生爱国主义教育氛围，引导他们多参加学校创建的爱国主义教育实践活动与主题讨论活动，激励他们在参加的过程中积极思考、提问、回答，将学习与实践融为一体，把自己打造成对国家和社会有用的人才。

第三，高校要加强网信师资管理队伍建设，切实提供物质保障。高校应结合本校网络舆情实际，围绕网络教育管理、网络技术支撑以及学生网络自我管理等方面统筹建设一支精干的网管队伍，为"互联网＋"爱国主义教育提供有效的技术支持和后勤保障。

第四节 "互联网＋"背景下大学生爱国主义教育创新路径

爱国主义是中华民族的优良传统，是推动历史进步的巨大力量，是各族人民团结奋斗的精神支柱。2019年10月，中共中央、国务院印发的《新时代爱国主义教育实施纲要》提出："要把青少年作为爱国主义教育的重中之重，将爱国主义精神贯穿于学校教育全过程。"这一提法凸显了新时代青少年爱国主义教育的极端重要性。因此，充分发挥"互联网＋"的作用，加强大学生爱国主义教育，是高校教育工作者的重要职责。

一、"互联网＋"与大学生爱国主义教育的耦合优势分析

（一）"互联网＋"的高容量有利于增加爱国主义教育的内容供给

与传统的教育资源相比，"互联网＋"具有信息容量大、存储方便等特点，这有利于增加爱国主义教育的内容供给。首先，教育者和受教育者可以通过互联网，搜索古今中外海量的爱国主义教育内容，比如国内外爱国主义教育经典故事、诗词歌赋、视频等，这也为爱国主义教育提供了更多的素材。其次，教育者可以通过3D、VR和5G等技术，创造生动鲜活的爱国主义教育情境，丰富大学生的爱国主义情感体验，促使大

学生不断进行爱国主义自我教育和自我塑造。最后，数据资源库的建立，有利于实现教育资源的实时共享，从而节约人力物力。

（二）"互联网＋"的高效率有利于提升爱国主义教育的传播速度

"互联网＋"成为连通万物的重要平台和媒介。与传统的报纸、杂志、书籍等媒介相比，"互联网＋"传播速度更快、更便捷，这也为大学生爱国主义教育提供了便利条件。教师可以通过微信、抖音、微博等互联网平台向学生传递相关信息，无论学生身处教室、操场，还是其他地方，都能迅速参与学习和讨论。这样，既可以打破时空限制，又可以提升传播速度，为学生学习带来方便。

（三）"互联网＋"的智能性有利于优化爱国主义教育的教育效果

首先，互联网是有记忆的，会根据每个人在网上浏览的内容智能化地为其推送与之相关的内容。当学生在网上阅读教师推荐的爱国主义教育内容时，互联网会持续为其推荐相关的学习内容，从而使学生受到潜移默化的教育和影响，教育效果得到显著提升。其次，教师要运用大数据对学生的网络语言进行整合，能够实现对学生个性特征的可视化描述，从而帮助教师了解学生的性格特征，并进一步分析影响学生性格形成的因素，有利于教师因材施教，提升教学效果。

二、"互联网＋"背景下大学生爱国主义教育的创新对策

（一）创新大学生爱国主义教育的内容供给

"互联网＋"的高容量、高效率和灵活性为创新大学生爱国主义教育的内容供给提供了更多的机会。因此，我们可以利用"互联网＋"平台，创新爱国主义教育内容。创新大学生爱国主义教育的内容供给非常重要，因为大学生是国家未来的中坚力量，他们的国家认同感对国家的发展和稳定具有重要影响。

教师要深入了解国家的历史，包括传统文化、伟大事件和杰出人物的故事。通过故事性的历史教育，激发大学生的爱国情感。教师要帮助学生理解国际事务对国家的影响，培养全球意识。了解国际合作的重要性，以及国家在国际舞台上的角色。教师要鼓励学生参与志愿服务和社区建设项目。通过亲身参与，学生可以感受到对国家和社会的贡献，增强爱国情感。教师要推广国家传统文化，包括语言、文学、艺术和习俗的传承。这有助于加强学生对自己文化根源的认同。

教师要引导学生了解国家在科技领域的成就和创新，培养学生的创新精神。

教师应鼓励学生深入研究国家面临的各种社会、经济和环境挑战。了解这些挑战可以促使他们思考如何为国家的未来做出贡献。教师要支持学生参与国际交流项目，与外国学生和教育机构互动，提高学生的跨文

化交际能力。

教师要鼓励学生学习和欣赏不同地区的文化，了解国家的多元性，促进文化的交流和融合。教师要让学生了解国家的发展战略和愿景，激发他们为实现国家目标而努力的动力。

创新的大学生爱国主义教育应该具有多样性和多层次性，能够满足不同学生的学习需求。通过综合性的教育内容供给，教师可以培养更多有责任感和使命感的大学生，他们将为国家的繁荣和进步作出贡献。

（二）创新大学生爱国主义教育的互动机制

1. 提高教育者"互联网+"思维和网络技术应用能力

"互联网+"为爱国主义教育带来了机遇，作为教育者，要与时俱进，提升利用互联网开展爱国主义教育的能力，切实提升爱国主义教育的针对性。一是要提升"互联网+爱国主义教育"的意识。教师要充分认识到"互联网+"在大学生爱国主义教育中的重要作用，克服畏难情绪，利用互联网便捷的特点上网搜集相关的教育资源，比如案例、视频、习题等，以提高大学生爱国主义教育的实效。二是要提高共享意识。随着"互联网+"时代的到来，信息、数据共享已成为时代主题，作为教育者，不能再像以往一样思想保守，而应该学会在共享中不断提升自己。只有这样，才能互相促进，共同成长。三是要提升"互联网+"技术应用能力。不但要学会上网查找资料，而且要能熟练掌握相关软件的应用，自己制作微课、剪辑拍摄各种短视频。除此之外，还要学会使用各种程序和平台与学生进行线上沟通和交流，随时随地为学生答疑解难，以此提升爱国主义教育效果。

2. 充分尊重大学生的主体地位

进入"互联网+"时代，教师可以利用职教云等各种应用软件，充分调动学生参与课堂教学的积极性和主动性，增强学生的主体地位。比如，教师在上课时发布任务，让学生现场用手机将答案展示在职教云里，这将极大地增强学生参与课堂活动的积极性和主动性。除了课堂教学，教师还应鼓励学生积极参加课后的线上线下互动，鼓励学生参加"互联网+"大学生创新创业大赛，充分发挥学生的主观能动性，进一步提升教育效果。

3. 了解大学生网络话语体系

"互联网+"时代，大学生对爱国主义教育信息的选择具有较高的自主性。因此，教师在选择爱国主义教育内容时，要选择符合大学生心理和习惯的话语体系。一是要尽量选择符合大学生习惯的用语，让学生在诙谐的氛围中获得相应知识；二是要尽量选择通俗易懂的语言进行教学，增强教育教学的亲和力。

（三）拓宽"互联网+"大学生爱国主义教育载体

1. 搭建大学生爱国主义教育资源共享平台

爱国主义教育是一个永恒的话题，教育管理部门和各个学校都要对学生进行爱国主义教育。为节省人力物力，提升教育效果，各级教育管理部门可牵头组织搭建爱国主义教育资源共享平台，如大学生爱国主义教育教学资源库、大学生爱国主义教育网站或专栏等，将感人的党史故事、各行各业的先进人物事迹整理出来放到资源库或爱国主义教育专栏中，为大学生爱国主义教育提供丰富的教育资源。

2. 有效利用新媒体平台进行大学生爱国主义教育

利用新媒体平台进行大学生爱国主义教育，不仅可以避免教师纯理论说教给学生带来逆反心理，而且可以节约人力物力。一是各高校可以利用学校官网、官微、公众号等媒体开设爱国主义教育专栏，定期对本地、本校爱国主义先进人物和事迹进行宣传，从而培养大学生的爱国主义思想。二是各高校教师特别是思政教师可以利用班级微信群、QQ 群、微博、抖音等新媒体对学生进行爱国主义教育，比如，在这些新媒体上发布先进人物的爱国主义事迹，组织学生对公开损害国家荣誉等方面的相关热点事件进行讨论，让学生在潜移默化中得到教育。

3. 打造大学生爱国主义教育实践平台

大学生是否具有爱国情操，不仅体现在语言上，更多地体现在行动中。因此，我们要开展丰富多彩的大学生爱国主义教育实践活动，让学生在实践中陶冶爱国主义情操。一是组织学生去爱国主义教育基地开展主题教育实践活动。比如组织学生去毛泽东故居等地进行主题教育实践活动，让学生在了解伟人事迹中有所感悟，从而做到知行合一，增强爱国爱党爱民情怀。二是利用节假日组织学生开展特定的爱国主义教育实践活动。比如，清明节组织学生去烈士陵园扫墓、敬献花篮；"八一"建军节组织学生去部队慰问解放军战士；利用周末或寒暑假开展服务乡村振兴社会实践活动，让学生在实践活动中增强责任感和使命感。

（四）创新爱国主义教育方法

传统爱国主义教育以教师课堂讲授为主，理论性较强，教学模式单一，学生参与性不高，教育效果不佳。"互联网＋"教育衍生出许多新型的教育方法，如慕课、微课、翻转课堂等，这极大地提升了大学生爱国主义教育实效。一是可以利用慕课、翻转课堂等教学法进行爱国主义教育。传统教学法以教师和教材为中心，而慕课、翻转课堂强调以学生为中心，更加注重合作学习和自主学习，强调学生主动参与，强调学生的个性化发展，教育效果比传统教学好。二是将微课作为辅助教学方法增强爱国主义教育实效。微课短小精悍，灵活方便，既可让学生在课堂上学习，也可让学生利用课余时间学习。将革命前辈、先进人物事迹、历史文物、遗迹遗址和祖国大好河山制作成微课，可增强爱国主义教育的趣味性；将爱国主义教育的重要内容制作成微课，可加深学生对重要内容的理解。三是运用手机移动课堂进行爱国主义教育。移动课堂目前主要有3D云课、蓝墨云班课、智慧职教等教育平台。教师可以运用这些平台，通过课前发布问题，促使学生主动思考和自学；课中教师对知识点进行详细讲授，发布相关任务跟学生进行实时互动，了解学生对相关知识的掌握情况；课后再发布作业，让学生对所学知识点进行拓展训练，再统一答疑解惑，进一步帮助学生扩大知识面，巩固知识点。

第五节 "互联网＋"大学生爱国主义教育"四位一体"协同机制

互联网时代信息传播模式的变化为大学生发表爱国言论、践行爱国行为搭建了广阔的平台。《纲要》明确提出唱响互联网爱国主义主旋律的要求，这为互联网时代加强和改进大学生爱国主义教育提出了现实课题。"办好教育事业，家庭、学校、政府、社会都有责任。"

一、互联网时代爱国主义教育现实境遇

互联网丰富的信息资源、多样的新媒体平台和技术为教育形态由现实向网络延伸提供了广阔的空间，为爱国主义教育资源、情感认同、话语表达、制度保障带来了新的境遇。

（一）丰富了传统爱国主义教育资源

互联网作为信息资源库，具有信息容量丰厚的巨大优势。互联网的开放性和共享性特点使自然物质资源、中华民族精神资源、社会主义先进文化资源、人文历史资源得到了极大的丰富。这些不断充实的资源显现或潜藏于各类爱国主义教育活动和网络平台，充实了新时代大学生爱国主义教育内容，是保障爱国主义教育有效开展的重要题材和载体。大学生可以通过互联网和新媒体，自主搜索并获得丰富的爱国主义知识，进

行爱国主义自我教育、自我塑造和自主选择。

（二）新技术激发传统爱国主义情感认同

网络技术为爱国主义教育提供了更广阔的视野，大学生借助多样化的信息渠道抒发爱国情感，频频掀起网络爱国主义热潮。党和政府、学校、社会各层力量凭借慕课、AR、VR、5G等新兴技术，创造了生动鲜活的爱国主义教育情境，丰富了大学生爱国主义情感体验。

（三）新媒体革新传统爱国主义话语表达

传统的爱国主义宣传是以广播电台、电视台、报纸为代表的主流媒体为主，通过立意高、说理深、思辨强的理论文章与时评，展开充满科学性、逻辑性的爱国主义理性叙事。在互联网时代背景下，以微博、微信、抖音为代表的社交媒体不断出现，人人均可通过个体身份与自媒体视角解读和创作各类文化作品，展开充满亲和力、生动性的爱国主义感性叙事。理性与感性内容的交织并存，构成了互联网时代大学生爱国主义教育话语表达方式。

（四）大数据加强传统爱国主义制度保障

《纲要》明确提出把爱国主义精神融入相关法律法规和政策制度，这是以法治力量保障爱国主义教育持续有效进行的具体体现。互联网对大学生用网行为展开大数据分析，高校可掌握大学生用网行为发展演变规律，让爱国主义教育有的放矢，为爱国主义制度建设和法治保障提供方向指引和数据支持。网络为制度建设提供数据支持的同时，复杂多变的互联网环境也给不良信息传播提供了自由空间。

二、互联网时代大学生爱国主义教育现状

为了解互联网时代大学生爱国主义教育状况，对天津市4所高校的大学生爱国主义教育现状进行问卷调查。调查回收有效问卷540份，学生涵盖人文社科、理、工等专业，其中男生占46.30%，女生占53.70%；本科生占68.52%，研究生占31.48%。根据调查数据，互联网时代大学生爱国主义教育现状具体表现如下：

（一）爱国主义教育资源未有效整合

大学生接受爱国主义教育的途径可为教育资源的投放重点提供参考。途径偏好按照选择比例由高到低依次为"网络视频"（89.07%）、"网络文字"（77.96%）、"思政课堂"（62.41%）、"广播电视新闻报道"（64.81%）、"纸媒时评"（60.00%）、"网络社区问答"（57.78%）、"社会实践"（55.37%）和"主题活动"（50.37%）。这反映出互联网在大学生爱国主义教育中起到了重要作用。36.11%的大学生可以准确说出5种以上获取完整而系统的爱国主义课程、理论、案例的网络途径，这些途径大多源于学校宣传（55.56%），受政府（18.15%）、社会（19.26%）和家庭（7.04%）影响较小。可见互联网时代传播途径的多样化促使爱国主义文化作品接地气、易传播，激发了大学生的学习兴趣，但其短小精

悍的特点使教育内容碎片化，丰富的教育资源并未得到政府、社会、学校、家庭的充分利用，影响了教育内容的完整性和系统性。

（二）良莠不齐的信息冲击情感认同

爱国主义本质上是一种文化现象，借由文化建构而成、以国家之名倡导和确立的意识形态叙事、身份归属意识和存续发展力量。据调查，大学生对中华优秀传统文化传播途径的信任度由高到低排序依次为："官媒信息"（88.70%）、"课堂书本知识"（86.67%）、"官方网站"（79.07%）、"网络视频或文章"（65.19%）、"综艺节目或纪录片"（54.81%），大部分人对当前中华优秀传统文化的社会氛围（86.85%）和传播方式（82.22%）表示满意，说明爱国主义教育传播载体得到了大学生的认可。但仍然有23.89%的大学生认为"自己不能独立辨别信息背后所蕴含的意识形态、价值观念、文化属性"，由此可见，良莠不齐的网络信息冲击着爱国主义教育的情感认同，仅依靠技术创新拓宽传播途径尚且不够，还要加强爱国主义网络内容建设，以文化自信激活爱国主义情感归属。

（三）爱国主义教育话语表达需求多元化

爱国主义教育话语解释力直接影响大学生的爱国主义情感。调查显示，96.30%的大学生在学校以不同形式接受了爱国主义教育，56.85%的大学生认为教师可以生动地解释爱国主义，37.96%的大学生曾经和老师针对爱国主义进行深入探讨。大学生普遍认为官方话语很有必要

（93.15%），愿意接受中国共产党和政府爱国主义教育的官方话语表达方式（88.52%）。虽然社会媒体积极采用生动的网络话语赋予爱国主义教育更多的新创意，力图让官方话语生活化，但仍然有74.26%的大学生认为媒体的话语缺乏亲和力。65.93%的大学生表示曾经和家人探讨过国家时事政治或热点新闻，大部分学生认为在与家人的探讨中激发了自己的爱国之情。面对政府、社会、学校、家庭的不同环境，大学生对爱国主义教育话语表达的需求有所不同，他们既需要具有时代性、权威性的官方话语，又需要具有亲和力、解释力的教学话语，以及接地气、有朝气的传播话语。

（四）制度建设和法治保障任重道远

互联网即时性、快捷性的特点会增加防范破坏性舆论的困难，开放和匿名的网络环境极易滋生不文明话语和非理性表达。据调查，94.63%的大学表示曾经遇到过不良信息网站，37.22%的大学生选择举报、告诉老师或家长，部分学生选择了"关掉网页，不举报"（47.59%），12.97%的大学生会继续浏览不良网站，2.22%的大学生会传播给他人，能够以理性的态度主动抵制网络不良行为的大学生较少。此外，9.63%的学生从未了解过与网络相关的法律法规，87.04%的大学生从未怀疑过自己的用网行为是否合乎规范，72.41%的大学生虽然与家人探讨过用网行为规范，但大多数只是被家长限制用网时长（88.24%）。互联网时代强化制度建设和法治保障任重道远，不良信息的源头监管、信息查访、信息控制亟须政府建立制度和法治保障，也需要社会、学校、家庭的指引、约束和规范。

三、提升互联网时代大学生爱国主义教育实效的对策

针对上述问题，政府、社会、学校和家庭都应肩负起应有的责任，切实发挥政府保障作用、社会依托作用、学校主导作用和家庭基础作用，建立互联网时代大学生爱国主义教育"四位一体"协同机制。

（一）整合教育资源，共建共享教育内容

科学有效地整合爱国主义教育资源不是简单地组合或叠加，而是在遵循爱国主义教育规律、发展逻辑基础上合理配置资源，协调互促。政府作为资源开发的主导力量应明晰责任，狠抓落实，根据开发目标聚合资源，完善爱国主义教育资源配置的财政、法律、行政等保障机制。社会作为爱国主义教育的大课堂应创新爱国主义教育的资源供给，以大数据、云共享等技术为手段，打造云共享数据库，收纳优秀的爱国主义教育课程、经典爱国主义案例、爱国主义教育先进理论等，实现优质教育资源的共建共享。学校作为爱国主义教育主阵地，应遵循大学生自身的成长规律，善于挖掘政府和社会提供的优质教育资源，并在课堂上和社会实践中创造性地加以运用。有调查研究表示，在有军人出身或曾受到国家资助的家庭中成长的青年有着较为浓厚的爱国观念，家庭教育过程要用生活的点滴小事引导大学生建立爱国主义情怀。政府、社会、学校、家庭协同开发与整合爱国主义教育资源，共建共享教育内容，提高资源集成力度

与利用实效。

（二）加强文化建设，增强情感认同

文化作为链接个人与祖国的精神纽带，只有在充分理解和认可自身历史和文化的基础上，才能形成对民族的热爱和国家的认同。政府要加强文化建设的顶层设计和实践统筹，夯实爱国主义精神根基，发挥民族英雄和革命英烈作用，通过表彰先进的典型筑牢爱国主义精神品格。社会各界应当发挥依托作用，烘托爱国主义教育良好氛围，打通现实与网络双渠道，鼓励创作底蕴深厚的网络文艺作品，利用网络信息传递的快捷性将其融入生产生活各方面。学校要借助政府和社会营造的爱国主义氛围，通过组织红色基地现场教学、集中观看网络直播、线上线下理论宣讲等活动，共同打造新时代爱国主义教育场域。家国情怀是中华优秀传统文化的核心价值理念，我国历史上不乏各类以家训、家书为表达方式的家风教育，充分说明家庭对培养青年人国家认同、民族认同、文化认同起到的重要作用，是建构社会成员家国情怀的情感基础。强化大学生爱国主义情感认同，政府、社会、学校、家庭不能各行其是，而是要把文化建设作为一个有机整体，彼此关照、相互衔接，让爱国主义文化底蕴更加丰厚。

（三）聚合媒体声音，共言共传话语表达

各级党委和政府要为价值观尚未完全成熟的大学生划清网络舆论场中的政治红线，以政治性的话语为爱国主义网络舆情指明是非方向，增强

爱国主义教育话语说服力。学校要利用好思想政治理论课，把爱国主义教育的抽象理论蕴含于生动活泼的表述之中，以学理性话语提升爱国主义教育感召力。思政课教师应深刻理解网络爱国主义教育的核心要义，主动深入网络空间，以理性深邃、情感真挚的爱国话语打动大学生。学校在面对热点事件时，要善于挖掘其中的爱国主义要素，借助大众传媒力量为大学生网络爱国主义教育营造浓厚的文化氛围，宣传积极向上的主流思想，将党和政府的官方话语民间化、学校教育的学术话语生活化，同时加强舆论自我监督，避免话语的过度戏谑化。家庭要注重家教建设，根据大学生个体的心理特点、成长经历或家庭境遇教导大学生坚持爱国和爱家相统一，丰富爱国主义教育的内容。政府、社会、学校和家庭以创新性表达构筑话语合力，使大学生爱国主义教育话语丰富多样、简单易懂、生动活泼，促进爱国主义教育话语"活起来""萌起来"。

（四）加强制度保障，共建共管用网行为

制度体系是做好爱国主义教育的长效所在，应着力构建系统完备、运行有效的爱国主义教育制度体系。政府要在宏观层面加强顶层设计、政策执行、机制构建、资源集成、力量协同、评价质量等方面的制度，建立健全法律法规，对网络犯罪或失范行为进行处罚，在立法、执法各个环节培养人们的爱国主义精神。社会各界落实制度要求，不断发展完善互联网技术，提高互联网的管理水平，在不良信息的源头监管、信息查访、信息控制等各个方面发挥作用，利用科学技术的专业性在源头上进行技

术干预和控制，社会民众主动学法用法，配合政府做到全民监管。学校要坚持以立德树人根本任务固根本，紧扣大学生成长需求做好互联网时代爱国主义教育调研，在微观层面细化具体举措，参与爱国主义教育制度设计，强化爱国主义教育的内驱力和思想政治工作的牵引力。父母作为孩子的首任老师要以身作则，对大学生的用网时间、用网内容进行合理监督，配合政府、社会和学校在制度保障方面打好"组合拳"。

参考文献

[1] 薛桐，郑毅，刘文斌.组织结构视角下我国高校绩效管理框架研究 [J].科研管理，2016.

[2] 祁占勇.高校绩效管理的本质特征及其价值取向 [J].教育研究，2013.

[3] 程国方，石贵舟.绩效管理视域下的高校管理创新研究 [J].江苏高教，2012.

[4] 熊娜，撒晶晶，曾春丽，王秋娜，田映红.政府会计改革对高校财务管理的影响 [J].会计之友，2018（2）.

[5] 周岚.管理会计在高校财务管理中的应用 [J].经济师，2018（8）.

[6] 谢妍，高校科研经费管理存在的问题及对策探究 [J].中国总会计师，2018（3）.

[7] 郭璐佳.权责发生制视角下的政府会计制度改革特征与路径分析 [J].预算管理与会计，2018（1）.

[8] 李毅青.内部控制视角下高校财务管理工作研究 [J].财会学习，2017（7）：244，246.

[9] 王长涛.试论高校财务内部控制存在的问题及解决对策 [J].齐鲁

珠坛，2017（5）：58-61.

[10] 李乔. 内部控制视角下高校财务管理优化措施探究 [J]. 行政事业资产与财务，2017（36）：76，78.

[11] 沈岳. 基于绩效导向的高校财务管理控制 [J]. 现代经济信息，2015（21）：145-146.

[12] 张琪. 以绩效为导向的高校财务管理探析 [J]. 消费导刊, 2017（4）：27.

[13] 陆咸良. 以绩效为导向的高校财务管理研究 [J]. 财会通讯，2015（5）：81-83.

[14] 蒋倩. 基于绩效导向的高职院校财务管理研究 [J]. 中国乡镇企业会计，2015（9）：96-97.

[15] 孙喜元. 浅谈高校财务管理存在的问题及对策 [J]. 经贸实战，2017（11）：180.

[16] 朱颖颖. 高校财务管理问题及对策分析与探讨 [J]. 全国商情（经济理论研究），2009（15）：80-83+113.

[17] 张莉莉. 当前时期下高校财务管理存在的问题及对策研究 [J]. 中国集体经济，2016（34）：124-125.

[18] 刘正兵. 基于财务风险管控视角的高校内部控制框架体系构建研究 [J]. 苏州大学学报（哲学社会科学版），2013，34（2）：120-124.

[19] 王卫星，赵刚. 高校内部控制评价指标体系的构建与应用 [J]. 审

计与经济研究，2008，23（6）：93-97.

[20] 柴伟. 内部控制视角下事业单位固定资产管理的探讨 [J]. 当代会计，2015（2）：43-45.

[21] 夏新根. 科研事业单位加强固定资产管理探析——基于内部控制视角 [J]. 价值工程，2010，29（34）：132-133.

[22] 刘正兵. 基于财务风险管控视角的高校内部控制框架体系构建研究 [J]. 苏州大学学报（哲学社会科学版），2013，34（2）：120-124.

[23] 曾瑜，邱燕，王艳碧. 信息化背景下高校学生管理工作法治化研究 [M]. 成都：西南交通大学出版社，2016.

[24] 李正军. 信息化背景下高校学生管理工作概论 [M]. 保定：河北大学出版社，2002.

[25] 刘伦. 信息化背景下高校学生管理制度创新探索 [M]. 重庆：重庆大学出版社，2006.

[26] 孟宣廷. 高等学校学生管理法治化研究 [M]. 大连：大连理工大学出版社，2005.

[27] 王凤彬，李东. 管理学 [M]. 北京：中国人民大学出版社，2000.

[28] 陈丹红. 大数据时代高校学生工作创新探究 [J]. 教育教学论坛，2018（35）：13-14.

[29] 陈锦山. 高校学生事务管理模式的建构——评《高校学生事务管理模式创新》[J]. 新闻与写作，2017（6）：3.

[30] 陈少雄，宋欢."三大创新"推动高校学生思想政治教育工作化无形为有形 [J]. 高教探索，2018（8）：104-106.

[31] 董玲娟. 新媒体视角下对大学生心理健康教育的创新——评《大学生心理健康教育（第4版）》[J]. 新闻爱好者，2018（12）.

[32] 范晓，倪婷. 大学生党员教育管理创新探索 [J]. 才智，2018（34）：37.

[33] 方雪梅，李杰. 新媒体环境下高职院校核心价值观教育的路径选择 [J]. 职业技术教育，2018，39（20）：58-61.